CB069616

D'ALEMBERT

COLEÇÃO
FIGURAS DO SABER

dirigida por
Richard Zrehen

Títulos publicados
1. *Kierkegaard*, de Charles Le Blanc
2. *Nietzsche*, de Richard Beardsworth
3. *Deleuze*, de Alberto Gualandi
4. *Maimônides*, de Gérard Haddad
5. *Espinosa*, de André Scala
6. *Foucault*, de Pierre Billouet
7. *Darwin*, de Charles Lenay
8. *Wittgenstein*, de François Schmitz
9. *Kant*, de Denis Thouard
10. *Locke*, de Alexis Tadié
11. *D'Alembert*, de Michel Paty
12. *Hegel*, de Benoît Timmermans

D'ALEMBERT
ou
A razão físico-matemática
no século do Iluminismo

MICHEL PATY

Tradução
Flávia Nascimento

Revisão técnica e científica
José Oscar de Almeida Marques
Universidade Estadual de Campinas

Estação Liberdade

FIGURAS
DO SABER

Título original francês: *D'Alembert, ou La raison physico-mathématique au siècle des Lumières*
© Societé d'Édition Les Belles Lettres, 1998
© Editora Estação Liberdade, 2005, para esta tradução

Preparação de texto Tulio Kawata
Revisão Antonio Orzari
Tradução do prefácio Nícia Bonatti
Projeto gráfico Edilberto Fernando Verza
Composição Nobuca Rachi
Capa Natanael Longo de Oliveira
Editor responsável Angel Bojadsen

CIP-BRASIL – CATALOGAÇÃO NA FONTE
Sindicato Nacional dos Editores de Livros, RJ

P345d

Paty, Michel, 1938-
  D'Alembert, ou, A razão físico-matemática no século do Iluminismo / Michel Paty ; tradução Flávia Nascimento ; revisão técnica e científica José Oscar de Almeida Marques. – São Paulo : Estação Liberdade, 2005.
  224p. – (Figuras do saber ; 11)

  Tradução de: D'Alembert, ou La raison physico-mathématique au siècle des Lumières
  Inclui bibliografia
  ISBN 85-7448-100-9

  1. Alembert, Jean Le Rond d', 1717-1783. 2. Filosofia francesa – Século XVIII. 3. Análise matemática – História – Século XVIII. 4. Ciência – Filosofia. I. Título.

04-2858.   CDD 194
                                           CDU 1(44)

Todos os direitos reservados à
Editora Estação Liberdade Ltda.
Rua Dona Elisa, 116   01155-030   São Paulo-SP
Tel.: (11) 3661-2881   Fax: (11) 3825-4239
editora@estacaoliberdade.com.br
http://www.estacaoliberdade.com.br

Sumário

Datas importantes   11

Prefácio à edição brasileira   15

1. No tempo do Iluminismo   19

2. A vocação do geômetra   37

3. As escolhas do filósofo   51

4. A herança de Descartes e Newton   73

5. O estilo matemático da *Análise*   83

6. O princípio unificador da dinâmica   99

7. Movimento dos fluidos e derivadas parciais   111

8. A precessão dos equinócios e a atração de três corpos   127

9. A razão dos princípios e a crítica dos conceitos   141

10. Teoria do conhecimento e crítica da metafísica   167

11. O combate da *Enciclopédia*   183

12. A herança de d'Alembert   205

Cronologia dos personagens citados   213

Bibliografia   217

A minha mãe

À memória de meu pai
e de meu irmão Jean

Datas importantes

1717 Nascimento de Jean Le Rond d'Alembert, no dia 16 de novembro. Filho ilegítimo, abandonado pela mãe, ele é recolhido e confiado a uma família modesta. Seu pai proverá suas necessidades e fará que receba uma boa educação.
1731 Entra para o Collège des Quatre-Nations e segue os ensinamentos dos mestres jansenistas, cartesianos e malebranchistas.
1735 Bacharel em Artes.
1736 Primeiro trabalho sobre matemática.
1738 Obtém o diploma de advogado, começa estudos de medicina, depois volta à matemática.
1739 D'Alembert submete à Academia de Ciências uma primeira dissertação.
1741 Duas dissertações sobre o *cálculo integral*. Entra para a Academia de Ciências e redige três dissertações sobre o movimento dos fluidos.
1743 Publica o *Tratado de dinâmica*.
1744 *Tratado do equilíbrio e do movimento dos fluidos*, aplicação de seu princípio da dinâmica ao caso dos fluidos.
1745 Primeira dissertação sobre o problema dos "três corpos". D'Alembert estabelece relações com Diderot, Rousseau e Condillac. Com Diderot, assina

um contrato com o editor Le Breton para traduzir a *Cyclopaedia* de Chambers. O projeto evolui e transforma-se na *Enciclopédia*.

1746 Recebe o Grande Prêmio da Academia de Berlim por suas *Reflexões sobre a causa dos ventos*. Eleito para a Academia de Berlim, produz inúmeros trabalhos sobre matemática, mecânica e astronomia.

1747 Publicação da primeira resolução da equação das cordas vibrantes.

1749 Publicação de *Pesquisas sobre a precessão dos equinócios*. Diderot é preso por causa de sua *Carta sobre os cegos*. D'Alembert torna-se cada vez mais ativo na realização da *Enciclopédia*.

1751 O *Discurso preliminar da Enciclopédia*, redigido por d'Alembert, é publicado no tomo I da obra (que terá dezessete volumes e mais onze de pranchas).

1752 Publicação do *Ensaio sobre uma nova teoria da resistência dos fluidos*, submetido sem sucesso, em 1749, ao concurso para o prêmio da Academia de Berlim. Conflito com Euler, que fez que o prêmio lhe fosse recusado e utiliza seus resultados... Na França, primeiros ataques contra a *Enciclopédia*. D'Alembert redige artigos e prefácios polêmicos contra a intolerância e o absolutismo.

1754 *Pesquisas sobre diversos pontos importantes do sistema do mundo*. D'Alembert entra para a Academia Francesa e conhece Julie de Lespinasse.

1755 Passa alguns dias em Wesel, às margens do Reno, na companhia de Frederico II da Prússia, com quem manterá, pelo resto da vida, uma correspondência assídua.

1757 O verbete "Genebra" da *Enciclopédia*, redigido por d'Alembert, suscita uma polêmica com os pastores de Genebra e com Rousseau, que escreve sua *Carta a d'Alembert sobre os espetáculos*.

1758 Segunda edição ampliada do *Tratado de dinâmica*.
1759 Retorno do cometa de Halley, prevista por Clairaut com erro de apenas um mês. Polêmica entre d'Alembert e Clairaut. D'Alembert estabelece relações com Lagrange e Laplace. Publicação do *Ensaio sobre os elementos de filosofia*. Crise na *Enciclopédia*. D'Alembert pede demissão, entra em conflito com Diderot, mas continua a cuidar da redação dos verbetes sobre matemática, mecânica e astronomia.
1761 *Opúsculos matemáticos*, tomos I e II (oito volumes serão publicados).
1762 O caso Calas: d'Alembert apóia Voltaire, que o considera seu sucessor à frente do "partido filosófico". A imperatriz Catarina da Rússia convida-o para ser preceptor de seu filho. Ele declina do convite, mas passa a manter correspondência com ela.
1763 D'Alembert passa três meses na corte de Frederico II, mas recusa presidir a Academia de Berlim. Passa a morar com Julie de Lespinasse, que abre um salão, freqüentado em especial por Condorcet e Turgot. Publica anonimamente *A destruição dos jesuítas na França* e pronuncia diversos elogios acadêmicos.
1765 Enfermidade de d'Alembert. Faz as pazes com Diderot, que escreve o *Sonho de d'Alembert*. Recebe uma bolsa da Academia de Ciências. Publicação de *Esclarecimentos ao Ensaio sobre os elementos de filosofia*.
1766 Entrega dos últimos volumes da *Enciclopédia* (os volumes de pranchas serão publicados de 1762 a 1772).
1772 D'Alembert é eleito secretário perpétuo da Academia Francesa.
1782 Eleição de Condorcet para a Academia Francesa, com o apoio de d'Alembert, apesar da oposição de Buffon.
1783 D'Alembert morre em 29 de outubro, em conseqüência de uma enfermidade na bexiga.

Prefácio à edição brasileira

Muito me alegra que este meu pequeno livro de apresentação da figura e da obra de d'Alembert seja traduzido para o português e difundido no Brasil. De modo geral, é sempre agradável para um autor que seus escritos ultrapassem as fronteiras lingüísticas e cheguem a um público de língua diferente da sua. Mas dois motivos em especial fazem que a publicação desta tradução me afete de forma particular e se revista de grande importância para mim. A primeira deve-se ao país em que é publicada, e a segunda ao personagem que nela é tratado. Há cerca de quarenta anos o Brasil ocupa um lugar relevante em minha história pessoal, sobretudo em meu percurso intelectual ao encontro das ciências exatas e da filosofia. Quanto a d'Alembert, um dos maiores representantes do século das Luzes, ele é muito menos conhecido do que poderíamos esperar, no mundo, e neste país em particular, tanto no que concerne à história das ciências como à história da filosofia e das idéias em geral.

O país que adotou privilegiadamente as idéias de Augusto Comte pouco se preocupou com as idéias de seus ancestrais intelectuais mais diretos, entre os quais d'Alembert e seu discípulo Condorcet têm uma importante posição, o que não significa reduzir seu pensamento a um positivismo *avant la lettre*, como aliás veremos no último capítulo. No entanto, d'Alembert foi co-diretor, com

Diderot, da *Enciclopédia*, que preparava a revolução dos espíritos (e também, em certa medida, a dos povos), e foi ativíssimo na "luta ideológica" dos "filósofos" por intermédio dessa obra. A *Enciclopédia* se difundiu muito além da Europa e circulava às escondidas nos países onde ainda reinava a Inquisição, sobretudo na América Latina, e singularmente no Brasil, na época em que se preparava a revolta dos inconfidentes em Minas Gerais. Ela era esse "diabo na biblioteca do Cônego" de que falam os livros de história.

Grande "geômetra", isto é, matemático e físico, d'Alembert foi um dos iniciadores da renovação das ciências físico-matemáticas na esteira da obra de Newton, e em minha opinião deveria, também sob esse aspecto, suscitar o interesse dos historiadores que se preocupam com a implantação das ciências na América Latina. O "newtonianismo", ao qual estes freqüentemente se restringem ao tratar do século XVIII, era muito mais uma bandeira ou uma maneira de falar. Na segunda metade desse século, a mecânica, a astronomia teórica e a hidrodinâmica, ainda que atreladas aos *Principia* de Newton, de fato progrediram enormemente. Tornaram-se analíticas, implementadas e pensadas segundo o cálculo diferencial e integral. É difícil conceber que os letrados e os cientistas do novo continente tenham ignorado contribuições tão fundamentais quanto o *Tratado de dinâmica* (1743), o *Ensaio de uma teoria da resistência dos fluidos* (1752), as *Investigações sobre a precessão dos equinócios e sobre a nutação do eixo da Terra* (1749) e as *Investigações sobre diferentes pontos importantes do sistema do mundo* (1754-56), todas elas obras de d'Alembert (as duas últimas implementando os métodos analíticos de resolução do "problema dos três corpos", o que permitiu uma precisão ímpar da astronomia). A observação vale na mesma medida para os outros grandes tratados de seus contemporâneos e concorrentes, tais como Clairault e Euler, e, um pouco mais tarde, seus discípulos Lagrange e Laplace. Seria interessante pesquisar traços desses livros no que resta das bibliotecas públicas e privadas da época, tanto no Brasil quanto na América hispânica.

Quanto à obra filosófica de d'Alembert, esta concerne antes de tudo ao conhecimento e às ciências, escapando dos sistemas metafísicos por muito tempo dominantes, e apresenta inúmeros aspectos que são surpreendentemente modernos. Seu *Discurso preliminar da Enciclopédia* (1751) é um clássico, e faz parte da história da filosofia. Seu *Ensaio sobre os elementos de filosofia ou sobre os princípios do conhecimento humano* (1759) é muito menos conhecido; uma tradução em português (de Beatriz Sidou) levou-o recentemente ao conhecimento do público brasileiro (acompanhado de uma parte dos *Esclarecimentos* adicionados em 1765, e convenientemente ampliado com o artigo fundamental da *Enciclopédia* intitulado "Elementos das ciências", traduzido por Denise Bottmann).[1] O *Discurso preliminar*, o artigo "Elementos das ciências" e o *Ensaio sobre os elementos de filosofia*, seguido dos *Esclarecimentos sobre os elementos de filosofia*, constituem de fato o *corpus* principal do pensamento filosófico de d'Alembert, ao qual se juntam numerosos artigos da *Enciclopédia* e passagens de seus escritos científicos, que constituem verdadeiros ensaios epistemológicos no sentido atual do termo. Lamentar-se-á somente que tenham sido excluídos dessa publicação, por terem sido julgados excessivamente "técnicos", vários dos *Esclarecimentos* cujo interesse para a história das ciências e para a epistemologia

---

1. D'Alembert, *Ensaio sobre os elementos de filosofia*, Campinas, Editora da Unicamp, 1994.

dos conceitos matemáticos e físicos é, na verdade, ainda hoje em dia considerável.[2]

Quanto a mim, ministrei várias vezes no Brasil cursos sobre a filosofia das Luzes, sobretudo sobre as relações entre ciência e filosofia, e tive assim o prazer de expor e estudar o pensamento de d'Alembert, principalmente na Universidade de São Paulo. O livro que vocês lerão, escrito para um público relativamente amplo, e que procura oferecer um panorama do pensamento e da obra de d'Alembert em suas diversas dimensões, contribuirá, espero, para suscitar e vivificar o interesse dos leitores brasileiros por esta grande figura – freqüentemente desconhecida – da história do pensamento, da filosofia e das ciências.

Gostaria, para concluir, de expressar meus agradecimentos a Tulio Kawata pelo cuidadoso trabalho editorial que teve com a tradução de Flávia Nascimento, e a José Oscar Marques, professor da Unicamp, que efetuou a revisão técnica e científica do texto final com grande competência, como pude julgar pela detalhada troca epistolar que tivemos, acerca de inúmeros problemas delicados de vocabulário, expressão e interpretação. Pude assim rever o conjunto, e até melhorar alguns pontos em relação à publicação original em francês. Desejo que esta edição em língua portuguesa conheça uma melhor difusão no Brasil do que aquela desfrutada pela primeira edição em francês, publicada em 1998, cuja maior parte dos exemplares queimou-se pouco depois num incêndio do depósito da editora... (uma segunda edição francesa deverá ser publicada em breve).

Michel Paty
São Paulo, fevereiro de 2005

---

2. Em particular, os que tratam dos conceitos de espaço e tempo, da definição dos números irracionais como limites superiores de seqüências, e o conceito de limite, abordado igualmente em termos de seqüências.

1
No tempo do Iluminismo

No dia 29 de outubro de 1783 morria em Paris, aos 66 anos de idade, Jean d'Alembert. Denis Diderot, co-diretor da *Enciclopédia*, junto com d'Alembert, faleceria no ano seguinte.

> Fato bem singular, o desaparecimento de dois homens que juntos deram o tom de um século, que ergueram juntos o edifício de uma obra que lhes assegura a imortalidade, e que parecem reunir-se mais uma vez para descerem juntos ao túmulo.[1]

Muito diferentes tanto no temperamento como em suas obras e concepções, Diderot e d'Alembert simbolizam, juntos, o espírito intelectual da movimentada época que precede as grandes mudanças ocasionadas pela Revolução Francesa.

Os dois pensadores permaneceram ligados à realização da *Enciclopédia* – obra imensa por sua extensão

---

1. *Correspondance littéraire*, vol. 13.

incomum (28 enormes volumes *in folio*) e imponente por seu conteúdo e alcance. A *Enciclopédia*, que se apresentava como um *dicionário raciocinado das artes, ciências e ofícios*, não deixava fora de seu campo nenhum domínio da atividade humana e do pensamento: das "belas-letras" e "belas-artes" ao conjunto dos conhecimentos científicos, então em pleno florescimento; da matemática, da astronomia e da física às novas ciências biológicas (chamadas de história natural) e às ciências humanas e sociais nascentes; até a técnica dos artesãos e da indústria que começava a aparecer, além das questões sociais e políticas.

A *Enciclopédia* de Diderot e d'Alembert, universalmente conhecida somente como a *Enciclopédia*, sem outro qualificativo, pode ser considerada como o ancestral das inúmeras enciclopédias que depois se multiplicaram. Com o projeto de dar conta do conjunto dos saberes de uma época, o que exige uma elaboração coletiva e uma retomada periódica, a *Enciclopédia* do século XVIII foi, de fato, a primeira empreitada desse gênero. Constituída por uma "sociedade de gente de letras", ela não era concebida como obra de um único indivíduo, ao contrário das obras que a inspiraram de uma maneira ou de outra, tais como o *Dicionário* de Pierre Bayle e a *Cyclopedia* de Ephraim Chambers. Mas sua verdadeira importância decorre de outro fato: ela ocupa na história das idéias e na história social um lugar único, resultado de seu papel antropológico e político e do espírito militante que a inspirava. Ela foi, de fato, o "laboratório" em que se preparavam mudanças de toda espécie, sobretudo de mentalidade, e foi graças a tais mudanças que puderam ser inseridos diversos aspectos daquilo que é possível chamar de "mundo moderno".

Ela irradiou suas idéias muito além das fronteiras políticas ou lingüísticas em que foi concebida, muito além da língua e da cultura francesas, muito além até mesmo da Europa, chegando até as longínquas Américas.[2] Mas ela também elaborou idéias, acolhendo com curiosidade e interesse os saberes vindos de alhures, emprestados de outras civilizações, trazidos dos países mais distantes, conhecidos desde a Antigüidade ou descobertos recentemente, esforçando-se – ainda que, sem dúvida, de forma um tanto canhestra, mas firme em relação à direção que pretendia seguir – para estabelecer uma universalidade dos conhecimentos fundada sobre a idéia da unidade do gênero humano.

Que os dois responsáveis por essa obra considerável tenham sido um literato – Diderot – e um cientista – d'Alembert –, ambos filósofos, é um fato repleto de significação. Mesmo fora da *Enciclopédia*, e além de suas próprias obras, profundamente originais em seus respectivos campos, eles se fizeram propagadores das idéias mais avançadas, elaboradas e debatidas no decorrer de quatro décadas inteiras, que contam entre as mais notáveis do século, da década de 1740 até o final da década de 1780. As reelaborações que propuseram dessas idéias, cada qual à sua maneira, foram tais que o século nelas se reconheceu. Assim, eles encarnam de modo exemplar – e complementar – o espírito iluminista.

A memória e o esquecimento

Em vida, d'Alembert era mais célebre e contava com maior reconhecimento do que Diderot, por causa de seu prestígio nas ciências, como grande matemático e continuador de Newton. Isto se inverteu na memória do público de hoje: o nome de Diderot é lembrado antes do de

---

2. Por exemplo, no estado de Minas Gerais, no Brasil, então colônia portuguesa, a *Enciclopédia* contribuiu para "incendiar os espíritos" que animaram a Inconfidência Mineira, contemporânea da Revolução Francesa.

d'Alembert, sem dúvida em razão de sua obra estética e literária, cuja riqueza não foi esgotada, ser mais acessível ao grande público, e mesmo ao público culto, que os difíceis tratados científicos de seu colega e amigo. Além do mais, diferentemente das obras de arte que, depois de produzidas, perduram por si mesmas, as obras científicas tendem naturalmente a apagar-se sob as sucessivas modificações impostas pelo progresso do conhecimento. Assim, o tempo, por meio dos jogos entre a memória e o esquecimento, modifica e às vezes inverte as escalas das precedências e preferências.

Razões mais específicas podem também ter desempenhado um papel no relativo esquecimento do nome de d'Alembert. A participação de Diderot na *Enciclopédia* foi mais importante, em termos de quantidade e amplitude, do que a de d'Alembert, e seu trabalho de beneditino na redação de um número considerável de verbetes – milhares –, bem como sua investigação sobre as técnicas nas oficinas dos subúrbios, atividades cuja importância conta hoje com um maior reconhecimento, fazem dele, com efeito, o autor principal da obra. Porém, isso não diminui em nada a decisiva participação de seu colega geômetra: os dois são, definitivamente, indissociáveis.

D'Alembert, sem dúvida, não é totalmente desconhecido dos cientistas contemporâneos. *O teorema da dinâmica,* ou *princípio de d'Alembert,* ainda é mencionado nos cursos de mecânica racional como tendo levado às equações de Lagrange; e os físicos utilizam quotidianamente o "operador d'alembertiano", homenageando implicitamente o inventor do cálculo das derivadas parciais e da resolução do problema da equação das cordas vibrantes, que foi quem concebeu esta forma diferencial de uso corriqueiro na física – mas será que eles sabem disso? Eles certamente ignoram que a utilização desse novo cálculo, que tornou possível o tratamento teórico da física dos meios contínuos (sólidos, elásticos e líquidos) e o desenvolvimento posterior da teoria do campo, foi obra, em primeiro lugar, de d'Alembert. Quem estudou matemática e aprendeu a utilizar o critério de d'Alembert sobre a convergência dos termos de uma seqüência, talvez ainda se lembre ainda de atribuir a esse autor a primeira demonstração do teorema fundamental da álgebra, segundo o qual uma equação algébrica de grau n admite n raízes reais ou imaginárias, teorema esse mais freqüentemente atribuído a Cauchy, que, a seguir, fez uma demonstração mais completa (ou, pelo menos, mais em conformidade com as novas exigências de rigor).

Mas raramente se sabe algo mais sobre sua obra científica. Mesmo tendo sido considerado por seus contemporâneos como um dos maiores "geômetras"[3] de sua época, d'Alembert foi um pouco "eclipsado" pela posteridade em comparação a outros cientistas como Euler, gigante da matemática e da física, com quem esteve em permanente concorrência, ou como Lagrange e Laplace, que foram seus discípulos e que levaram até o final as pesquisas sobre a mecânica racional para cujo início ele tinha contribuído de maneira decisiva: Lagrange com a *mecânica analítica*, no sentido próprio da expressão, Laplace com a *mecânica celeste*, erigida em "sistema do mundo" autônomo por sua demonstração da estabilidade do sistema solar.

Sua obra literária hoje está esquecida: é verdade que ela comporta muitos textos de circunstância, mas seus *Elogios* conservam um interesse do ponto de vista histórico. De sua obra filosófica, o *Discurso preliminar* da *Enciclopédia* ainda é lembrado, mas ignora-se freqüentemente seu

---

3. Esse termo era então sinônimo de matemático, num sentido amplo, isto é, referia-se àquele cujo campo de pesquisa compreendia também a mecânica e, de maneira geral, as ciências físico-matemáticas, ainda chamadas de "matemáticas mistas".

Ensaio sobre os elementos de filosofia, sem contar numerosos verbetes da *Enciclopédia* (mais de seiscentos ao todo), nos quais ele propunha análises e reflexões originais sobre as ciências matemáticas, físicas e astronômicas, assim como sobre questões mais gerais do conhecimento humano.

A importância de suas concepções, no tempo em que viveu, nesta nebulosa de componentes variados que foi o pensamento do Iluminismo, é corretamente valorizada pela história das idéias: basta ver, por exemplo, o rico e sugestivo livro de Ernst Cassirer, *A filosofia do Iluminismo*, ou a obra monumental de Georges Gusdorf, *As ciências humanas e o pensamento ocidental*.[4] Entretanto, os historiadores da filosofia que se interessam por ele continuam sendo exceção. Por outro lado, quase não se levou em conta até agora o alcance de seu pensamento sobre as gerações posteriores, a não ser no que diz respeito a seu discípulo Condorcet, que foi uma espécie de filho espiritual de d'Alembert, e através do qual sua influência se estendeu até Auguste Comte. Suas idéias podem ser entrevistas em muitos outros pensadores, no decorrer de todo o século XIX, de maneira direta ou mais difusa.

É verdade que tal influência se exerceu principalmente sobre o pensamento epistemológico dos matemáticos e físicos – os "cientistas-filósofos" –, pensamento que durante muito tempo foi pouco estudado pelos historiadores da filosofia, por causa de uma divisão entre esta e as ciências que se estabeleceram, precisamente na época de d'Alembert. Sendo ele mesmo um cientista e filósofo, d'Alembert unia numa tensão fecunda essas duas formas de espírito

---

4. Quatro volumes dessa obra tratam do século XVIII e citam amplamente d'Alembert. É a Georges Gusdorf que o autor deste livro deve seu interesse por d'Alembert, que o levou a preparar uma tese de filosofia sobre o mesmo (de 1971 a 1977). Que me seja dada a oportunidade, aqui, de lhe prestar homenagem.

tradicionalmente ligadas, mas que à época começavam a separar-se; dessa tensão nasceu uma forma nova de preocupação pelo conhecimento, igualmente ligada à ciência nas disciplinas que lhe diziam respeito, e à filosofia, na parte que trata do entendimento.

Uma abordagem crítica da filosofia

D'Alembert foi um dos primeiros a praticar com rigor o exame crítico dos conceitos e dos procedimentos das ciências consideradas em sua especificidade – a epistemologia *avant la lettre* –, contribuindo para o estabelecimento de uma nova relação entre as ciências e a filosofia. O sacrifício da generalidade e do caráter sistemático (que freqüentemente já se perdiam com a imprecisão das definições) em proveito da precisão e do cuidado com a exatidão foi interpretado por alguns como ausência de filosofia ou fraqueza filosófica. Mas isso decorria de uma visão estreita, posto que a epistemologia devia, ao contrário, permitir a renovação e o enriquecimento da relação entre as ciências e uma filosofia que tinham se tornado relativamente independentes.

Adotando uma atitude de desconfiança em relação aos sistemas metafísicos que pretendiam explicar tudo, tais como a maneira de ver de Descartes e Leibniz, d'Alembert propunha à filosofia, isto é, ao pensamento crítico, um programa mais modesto. Ele não renunciava à idéia de uma unidade fundamental da natureza nem à perspectiva de uma unificação do conhecimento, mas não as supôs como coisas dadas; e sua reflexão filosófica aparece mais "regional" do que geral ou sintética.

O fato de a filosofia de d'Alembert não se apresentar sob a forma de tratados sistemáticos (aliás, ele proclamava, como seus contemporâneos, o fim dos sistemas filosóficos) não prejudica o interesse e a coerência de suas concepções filosóficas, especialmente quanto à maneira pela qual se adquirem os conhecimentos e o significado de noções e operações que ele sempre remetia a suas condições de elaboração. Suas considerações críticas sobre os conceitos matemáticos e físicos, bem como suas análises sobre a gênese e a natureza dos conhecimentos científicos impregnaram, de fato, de maneira durável, o pensamento de diversas gerações de filósofos e de cientistas-filósofos – de Ampère a von Helmholtz, a Hertz ou a Mach – e, talvez mais ainda, toda uma tradição de pensadores da física racional, que veio depois de Lagrange, e cujas lições perduram em nossos dias (entre eles, Einstein).[5]

Uma obra como *A mecânica*, do físico-filósofo austríaco Ernst Mach (publicada em 1883) deve muito à análise epistemológica de d'Alembert sobre os conceitos newtonianos de *espaço e de tempo absolutos* (ele só podia concebê-los relacionando-os com o pensamento acerca de corpos materiais) ou de noções mecânicas como a de *força*. A crítica dirigida por d'Alembert a esta última foi retomada diretamente por Hertz, que tentou fundamentar sua própria mecânica sem apelar para essa noção.

Sua epistemologia dos princípios para estabelecer uma teoria física (mecânica dos sólidos, dos fluidos, etc.) foi uma espécie de enxerto da mecânica newtoniana na concepção cartesiana da inteligibilidade matemática e física. É daí que parece realmente resultar todo o pensamento ulterior da teoria física relacionada a princípios gerais justificados tanto do ponto de vista dos fatos como do da razão e que orienta o tratamento matemático das grandezas.

Deve-se acrescentar que d'Alembert foi o principal autor, na *Enciclopédia*, dos verbetes sobre matemática, física teórica e astronomia, importantes não somente por

---

5. Ver capítulo 12.

serem responsáveis pela divulgação de conhecimentos anteriormente reservados sobretudo aos círculos estreitos do mundo científico, mas também no que concerne à compreensão e ao significado dessas ciências, pois a exposição dos conceitos e das teorias foi acrescida, em geral, de um estudo crítico (epistemológico). A difusão de suas idéias sobre tais questões, pela *Enciclopédia*, atingiu públicos variados, de forma que sua influência, a longo prazo, foi seguramente considerável.

A filosofia de d'Alembert se apresenta mais facilmente por extratos do que como um tratado fundamental. É, em suma, uma filosofia dos "elementos" (um termo que lhe era caro: ver seu verbete "elementos das ciências" e seu livro *Ensaio sobre os elementos de filosofia*), relacionados aos princípios do conhecimento. Como bom praticante do cálculo diferencial, talvez ele pressentisse que, também em matéria de pensamento, a relação exata dos elementos entre si pode fornecer um conhecimento mais "integral" do que as pseudo-sínteses arbitrárias e prematuras.

> Longe de perceber o encadeamento que une todas as ciências, não chegamos sequer a ver, em sua totalidade, as partes deste encadeamento constituídas por cada ciência em particular.

Os "elementos" das ciências ou da filosofia comportam, essencialmente, princípios suscetíveis de servir como fundamentos para a pesquisa e a reflexão, e deixam supor uma unidade profunda dos fenômenos e do saber. É o que está expresso numa frase bem conhecida do *Discurso preliminar da Enciclopédia*:

> O universo, para aquele que pudesse abarcá-lo a partir de um único ponto de vista, não passaria, caso se possa assim dizer, de um fato único e de uma grande verdade.

A modéstia da abordagem não exclui, em suma, uma perspectiva mais ambiciosa.

A entrada em cena da modernidade

Outros fatores, além dos que foram acima evocados, contribuíram para o relativo desconhecimento da obra de d'Alembert, de sua importância e de seu alcance. Alguns são particulares, relativos à sua própria situação intelectual: ainda em vida, mas sobretudo para as gerações posteriores, com a acentuação da especialização e da divisão das "duas culturas", ele tornou-se filósofo demais para os cientistas e cientista demais para os filósofos. Outros fatores são mais gerais, e dizem respeito sobretudo à época de d'Alembert: o século XVIII em seu todo é normalmente depreciado.

As inovações nas ciências são com freqüência atribuídas à revolução científica do século precedente, tanto na matemática como na física. A mecânica clássica é considerada como sendo essencialmente a de Newton, e os grandes avanços que se produziram em todas as ciências no decorrer do século XIX ocultaram, aos olhos da posteridade, as consideráveis inovações científicas do século XVIII. Esse século, que pretendia ser filosófico, não produziu grandes sistemas comparáveis aos do século XVII – como os de Descartes, Espinosa, ou Leibniz –, com exceção da obra de Kant. As mudanças de mentalidade ocorridas no século XVIII, embora decisivas, parecem ser julgadas menos significativas que as precedentes, de Copérnico e Galileu, e as posteriores, com a era das revoluções políticas – inaugurada pela Revolução Francesa de 1789 e pela explosão industrial do século XIX.

Entretanto, foi no século do Iluminismo que a modernidade entrou em cena e todas as grandes mudanças se prepararam. Mas as polêmicas que acompanharam tais transformações – e especialmente a violenta reação que veio após a Revolução Francesa, condenando seus inspiradores – tenderam a depreciar de maneira sistemática a importância das idéias propostas e debatidas pelo século XVIII. D'Alembert, que foi considerado o cabeça do movimento dos filósofos, e que não apenas lutou contra a ainda poderosa metafísica dos *escolásticos* e contra a dos sistemas filosóficos, também se opôs ao poder absoluto e denunciou a intolerância religiosa. Foi naturalmente uma das principais vítimas dessa reação conservadora.

Por todas essas razões, d'Alembert continua sendo, em grande parte, um autor a ser descoberto. Tal como sugere o que acaba de ser dito, sua importância é fundamental em inúmeros campos da história das ciências e das idéias. Seu pensamento e sua obra interessam tanto à matemática, à física e à filosofia, domínios em que seus trabalhos marcaram época, quanto à história intelectual, social e política, por sua atividade na sociedade de seu tempo, num período especialmente rico: a época iluminista na França e na Europa. Seu papel de co-diretor da *Enciclopédia*, ao lado de Diderot, sua influência sobre as academias de Paris e particularmente de Berlim, suas relações com os grandes espíritos da época, tudo isso é notório e especialmente importante para compreender o papel reservado às ciências no movimento das idéias e nas mudanças sociais do século. A importância assumida desde essa época pelas ciências constitui um fato social.

Física e matemática

Geômetra, segundo a terminologia da época, d'Alembert contribuiu tanto para o avanço da matemática quanto para o da física, e esses dois aspectos de sua atividade científica são inseparáveis. Essa característica é comum aos outros "geômetras" de seu tempo, como Euler, Lagrange ou Laplace.

As relações entre a física teórica e a matemática eram, no século XVIII, muito mais estreitas do que hoje, e os problemas matemáticos geralmente partiam de problemas concretos encontrados, na maioria das vezes, na física. Inventado no século precedente, o cálculo diferencial e integral conheceu importantes desenvolvimentos a partir das necessidades da mecânica e da astronomia. O cálculo das probabilidades, nascido da avaliação das chances nos jogos (com Pascal e Fermat), enriqueceu-se graças a uma diversidade de aplicações, tais como as apostas, as apólices de seguros, a inoculação (ancestral da vacinação) e, um pouco mais tarde, os cálculos de erros. (As observações críticas de d'Alembert sobre as probabilidades inscrevem-se nesse contexto.) No sentido inverso, a física teórica fornecia a ocasião não só de aplicar mas igualmente de desenvolver novos métodos matemáticos. Vê-se, em particular, que a matematização da física assume então plenamente a forma da *análise*.

Somente no século seguinte a especialização ganharia a batalha e as pesquisas em matemática e física se tornariam obra de pesquisadores distintos (com raras exceções, como Henri Poincaré, por exemplo, até pouco depois do início do século XX). A separação, se existiu, era antes entre a física teórica e a física experimental. Pois d'Alembert, diferentemente de muitos outros cientistas da época, não se interessou pelas ciências que eram naquele tempo somente empíricas, tais como o calor, a eletricidade, o magnetismo.

Por isso, a matemática e a física constituíam duas ciências distintas, e um dos interesses das reflexões de d'Alembert, que teve, mais do que outros cientistas da época – especialmente os físico-matemáticos –, o cuidado de elucidar as concepções e os métodos utilizados em seu trabalho, é que elas nos instruem sobre a especificidade dessas duas disciplinas e sobre a natureza de sua estreita ligação.

Sua obra, nesses campos, foi rica em resultados fecundos e em idéias pioneiras, com freqüência audaciosas. Os textos científicos em que podemos seguir sua elaboração são muitas vezes marcados pelo aparecimento de uma novidade que ainda não tinha sido "domesticada" e que ainda apresentava as obscuridades da gestação. Isto é o que torna a leitura de tais textos difícil, pelo menos certos tratados que, por isso, ainda não foram estudados como merecem (especialmente os tratados sobre os fluidos e sua obra sobre a astronomia). As abordagens ainda parciais que foram feitas desses trabalhos deixam entrever a novidade e a profundidade dos apanhados teóricos e matemáticos do pensamento criativo de d'Alembert: uma edição crítica de suas obras completas, científicas, filosóficas e literárias seria muito bem-vinda.[6]

Se sua originalidade nem sempre foi reconhecida como deveria, isto sem dúvida se deve, parcialmente, às dificuldades de leitura impostas por sua obra. D'Alembert não se preocupava em cuidar da apresentação de suas descobertas, e a posteridade preferiu reter apenas as exposições, mais claras e diretas, feita por outros que souberam melhor valorizar e desenvolver as idéias que ele tinha sido o primeiro a propor. Suas inovações foram, assim, muitas vezes ocultadas pelos rápidos desenvolvimentos e pelas reformulações mais elegantes, que hoje nos são mais familiares, feitas por seus contemporâneos, como Euler, ou por seus discípulos, como Lagrange e Laplace. Toda a dificuldade da tarefa dos historiadores das ciências está em evidenciar plenamente o que cabe a d'Alembert em matéria de inovação, fazendo abstração dos sedimentos posteriormente acrescentados, na maioria das vezes

---

6. Este projeto está atualmente em realização. A última edição das obras reunidas de d'Alembert data de 1821. Tratava-se, ainda, apenas de sua obra literária e filosófica.

imediatamente após sua criação, que obscurecem a obra original.

Os importantes resultados obtidos por d'Alembert são conhecidos, mas percebe-se menos a originalidade dos métodos pelos quais ele os alcançou, e muito pouco a atitude intelectual que os sustenta. Evocamos, no caso da matemática, sua demonstração do teorema fundamental da álgebra, seu estudo sistemático das equações com derivadas parciais, aos quais é preciso acrescentar sua concepção do estatuto e da significação dos números complexos, sua invenção de diversos métodos de resolução das equações diferenciais, seus trabalhos sobre as funções e as séries.

Em mecânica, seu enunciado do teorema fundamental da dinâmica (o "princípio de d'Alembert") permitiu, logo de início, a unificação da mecânica dos corpos sólidos de todas as formas, tanto livres quanto ligados e submetidos a forças quaisquer. Essa unificação, na qual o pensamento das grandezas físicas passava a ser inseparável do cálculo diferencial e integral, foi em seguida ampliada à hidrostática e à hidrodinâmica estudadas de maneira analítica: a extensão do tratamento dos corpos constituídos de pontos materiais aos definidos como meios contínuos foi possível graças à invenção e à aplicação das equações com derivadas parciais.

Em astronomia física ou mecânica celeste, a obra de d'Alembert está balizada pelo desenvolvimento de novos métodos de aproximação e de cálculo – como o tratamento do problema dos três corpos no âmbito da teoria newtoniana da atração universal –, pelo estudo teórico das irregularidades do movimento e da figura da Terra, da precessão dos equinócios, da nutação[7] do eixo da Terra,

---

7. *Precessão*: rotação do eixo da Terra em relação às estrelas fixas. *Nutação*: ligeira oscilação do eixo de rotação da Terra em volta de sua direção média. Ver o capítulo 8.

do movimento da Lua... Esses trabalhos fazem de d'Alembert o sucessor, no século XVIII, de Newton em mecânica e em astronomia, na companhia de Euler e Clairaut, e o precursor de Lagrange e Laplace, que seriam seus continuadores.

Uma figura-chave do século do Iluminismo

Em suma, Jean Le Rond d'Alembert é uma figura-chave do século XVIII, o século do Iluminismo. Um dos maiores matemáticos e físicos de seu tempo, ele abriu novas vias para o desenvolvimento dos métodos de cálculo matemático, unificou os princípios da mecânica dos sólidos e dos fluidos e foi responsável por progressos consideráveis no campo da astronomia matemática.

Como filósofo, examinou de maneira crítica a gênese e a significação dos conhecimentos científicos, sem se submeter a uma filosofia e a uma metafísica que fosse preciso verificar ou ilustrar. Nesse aspecto, e também com respeito a suas próprias pesquisas, ele praticou a análise dos conceitos das ciências físicas e matemáticas, interessando-se especialmente pela questão de seu campo da validade, bem como pelas condições de sua aplicação – abrindo assim o caminho para a epistemologia das ciências particulares no sentido moderno.

Sua filosofia do conhecimento apresenta a originalidade de ser um racionalismo – herdado de Descartes –, que atribui um papel importante às sensações na formação dos conhecimentos, na linha de Locke e de Condillac. Disso resulta uma concepção genética da organização das ciências, que fundamenta as relações entre os diversos domínios do conhecimento e dá conta, especialmente, do elo privilegiado existente entre a matemática e a física – pelo menos no que diz respeito à mecânica, à astronomia, à acústica, à ótica geométrica e a outras "matemáticas mistas" ou "ciências físico-matemáticas", que constituíam, naquele tempo, as partes racionais da física.

Sua obra, que se inscreve numa dupla filiação, newtoniana e cartesiana, foi determinante para o desenvolvimento de uma concepção plenamente racional da física matemática, cujas condições ele exprimiu e cujos caminhos indicou, e que foi plenamente realizada nas obras clássicas de seus discípulos, a *Mecânica analítica* de Lagrange e a *Mecânica celeste* de Laplace. Sua influência seria sentida ainda no decorrer do século XIX. Distanciando-se da metafísica dos sistemas filosóficos anteriores, ele expressou, à sua maneira, a nova relação de autonomia relativa numa mútua implicação que se instaurava entre as ciências e a filosofia.

Diretor, ao lado de Diderot, da *Enciclopédia*, d'Alembert é um testemunho, para todos nós, do elo cada vez mais estreito que se formava entre a ciência, como conjunto de conteúdos de conhecimento e como atividade, e a sociedade, em seus diferentes níveis e na estrutura de sua organização. Para o pensamento iluminista, o progresso do conhecimento era inseparável da libertação dos espíritos no exercício da razão, que tornava manifesta a necessidade de mudanças sociais e políticas. No século XVIII, a ciência fazia sua aparição na cena pública como um componente do debate social e das trocas de idéias, e com ela aparecia também a figura do intelectual, que englobava tanto os homens de letras, artistas, filósofos e cientistas, quanto os pensadores políticos. A *intelligentsia* se encontrava nos cafés, nos salões, freqüentava as academias, debatia nos jornais, colaborava com a *Enciclopédia*... ou a lia.

Evocar d'Alembert, sua personalidade, seu destino, sua obra e pensamento é fazer um apelo a cada um dos elos tecidos entre esses diversos aspectos que freqüentemente nos fazem entrever, mais do que o indivíduo, o espírito de toda uma época. D'Alembert, cientista e filósofo, está inseparavelmente ligado a seu tempo, o século das Luzes, assim nomeado por se ter concebido, de maneira exemplar, como era do esclarecimento pelas luzes de uma razão enfim liberta, a razão que se encontra em cada indivíduo.

2
A vocação do geômetra

Em *O sonho de d'Alembert*, Diderot põe em cena seu amigo geômetra para descrever o desenvolvimento dos seres vivos, que vai do embrião ao indivíduo acabado e pensante, capaz de resolver o problema da precessão dos equinócios. Tudo começa com um ponto...

> Não, estou enganado. No início, nada; depois, um ponto vivo... A este ponto vivo vem se aplicar um outro, e outro mais... e dessas aplicações sucessivas, resulta um ser uno...

Algum tempo depois de ter sido apenas esse "ponto", d'Alembert, ao nascer, continuou sendo bem pouca coisa: uma criança abandonada. Nascido no dia 16 de novembro de 1717, fruto dos amores ilegítimos da marquesa de Tencin e do cavaleiro Destouches, apelidado "Canhão", militar da pequena nobreza[1], ele foi encontrado "exposto" nos degraus da igreja Saint Jean le Rond, em Paris, quase morto em sua "cestinha de pinho", devido ao frio do

---

1. Oficial de artilharia, nomeado general em 1720, Louis Camus, *cavaleiro* Destouches, foi amigo de Fénelon.

inverno. Sua mãe, irmã do cardeal de Tencin, ex-religiosa que voltara ao estado laico, manteve um salão até 1748, levando uma vida libertina (ela teria tido outros bastardos que também foram abandonados) e escrevendo romances de sucesso. Seu pai conseguiu descobrir o paradeiro do recém-nascido, que fora recolhido pelo comissário de polícia do bairro e levado ao orfanato. Segundo a senhora Suard, que freqüentava o salão de Julie de Lespinasse e que teria ouvido tal informação da própria boca de d'Alembert, o pai percorreu a cidade com o pequenino, "incrivelmente magro e franzino", embrulhado em cobertores, em busca de uma ama de leite que aceitasse cuidar dele.

Foi assim que o futuro geômetra, como escreveu Diderot, "foi entregue ao seio da boa vidraceira senhora Rousseau", esposa de um artesão de subúrbio, que sempre considerou como sua verdadeira mãe. Ele permaneceria a maior parte da vida naquele humilde lar, até a idade de 48 anos. O cavaleiro Destouches deixou a seu filho uma pensão de 1.200 libras anuais, prorrogada por testamento após sua morte (ocorrida quando d'Alembert tinha cerca de dez anos).

Os anos de formação

Vivendo num pensionato dos quatro aos doze anos, o menino deu provas de disposições brilhantes, e entrou em 1730 no Collège des Quatre-Nations (fundado por Mazarin e no qual só se podia ingressar com título de nobreza). Ali seguiu o ensino dos mestres jansenistas e discípulos de Malebranche, influenciados pela filosofia de Descartes. Em seu "Elogio de d'Alembert" (discurso lido na Academia de Ciências na ocasião da morte do cientista, em 1783), Condorcet contou que, em seu primeiro ano de filosofia, d'Alembert escreveu um comentário à *Epístola de São Paulo aos romanos* que despertou grandes esperanças em seus mestres, que pensaram fazer dele um grande teólogo, talvez um novo Pascal, defensor de Port-Royal.

A fim de tornarem a semelhança mais perfeita, fizeram-no seguir os cursos de matemática...

Mas d'Alembert apaixonou-se rapidamente por essa disciplina. O Collège des Quatre-Nations era o único de sua espécie a possuir uma cátedra de matemática, que tivera entre seus primeiros titulares Pierre Varignon que, juntamente com os irmãos Jacques e Jean Bernoulli, de Basiléia, foi um dos primeiros a desenvolver e a difundir, no início do século XVIII, o cálculo diferencial e integral de Leibniz e Newton.

Apesar de tudo, d'Alembert conservou dos anos de colégio uma lembrança negativa, que ele expressaria no verbete "Colégio" da *Enciclopédia*, por causa de todo o tempo perdido com conhecimentos inúteis, um saber puramente verbal, uma erudição vã, uma retórica vazia, uma escolástica decadente, uma religião e uma moral superficiais. A crítica se dirigia contra a instituição, não contra os mestres. Conservou, até mesmo, um profundo sentimento de gratidão por um professor de matemática que, "mesmo não sendo um matemático profundo, possuía muita clareza e precisão" – duas qualidades que ele próprio pregaria incansavelmente. Essa gratidão, expressa num escrito autobiográfico, *Memórias de d'Alembert por ele mesmo*, adquire um sentido especial quando se sabe que esse professor, chamado Caron, foi destituído pelo rei em 1739.

Seja como for, ele conservaria de sua experiência a necessidade de reformar o ensino e a educação da juventude, projeto que faria parte de seus combates como enciclopedista. O considerável impulso científico do século XVIII quase não foi resultante do ensino dos colégios e faculdades, cuja transformação foi muito lenta no decorrer do século, até a ruptura que constituiu a Revolução, tendo resultado muito mais das motivações individuais, das trocas pessoais, especialmente epistolares, e das atividades das sociedades científicas como as academias parisienses e provinciais.[2]

Tendo obtido o diploma de bacharel em 1735, Jean devia seus conhecimentos sobretudo a suas próprias leituras – felizmente, a biblioteca do colégio era rica, particularmente em obras de matemática. Continuou em seguida a matar sua sede de saber nas bibliotecas públicas, tirando, segundo suas próprias palavras, "algumas luzes gerais das leituras rápidas que nelas realizava, cuja demonstração e solução tentava encontrar mais tarde, sozinho, em casa". Ele já possuía aquele traço de caráter que, ao que se diz, é próprio dos matemáticos, e que consiste em preferir o esforço de buscar sozinho a solução mais direta para um problema em vez de seguir o raciocínio alheio.

Entretanto, d'Alembert precisava preparar-se para uma profissão. Seguiu os estudos de direito, obtendo o título de advogado em 1738, sem no entanto deixar de lado sua paixão – um de seus livros o acompanhava sempre, por isso podia estudar cálculo durante os cursos. Iniciou, em seguida, estudos de medicina, e tentou abandonar a matemática, chegando até mesmo a confiar seus livros a um amigo, a fim de evitar a tentação. Em vão. Atormentado por este ou aquele problema, sempre voltava para ver o amigo, pedindo-lhe a obra que tratava do assunto. Ao final de um ano, com os livros de volta ao seu quarto, abandonou a medicina e voltou definitivamente para a geometria. Desde então consagrou-se a ela tão completamente, segundo contou, "que abandonou totalmente durante diversos anos a cultura das belas-letras, que entretanto tinha

---

2. Ver René Taton (ed.), *Enseignement et diffusion des sciences au XVIIIe siècle*, Paris, Hermann, 1964.

apreciado muitíssimo no início de seus estudos". Foi nessa época que Jean Baptiste Le Rond, assim chamado devido às circunstâncias de seu nascimento, adotou o nome de d'Alembert.

Os meios científicos

D'Alembert passou a enviar diversos trabalhos à Academia de Ciências a partir de 1739. Notado por Alexis Clairaut, foi admitido em 1741 à Academia como "associado astrônomo adjunto". A partir daí conheceu um longo período de trabalho intenso e de rica produção: artigos de matemática, dinâmica, hidrodinâmica, astronomia, e livros como o *Tratado de dinâmica*, lido diante da Academia em 1742 e publicado em 1743 – sua primeira obra-prima, determinante para o desenvolvimento científico posterior da mecânica racional –, o *Tratado do equilíbrio e do movimento dos fluidos*, publicado no ano seguinte, e diversos outros, que serão comentados mais adiante.

A publicação do *Tratado de dinâmica* por si só assegurou a celebridade de d'Alembert no mundo científico, e o tornou conhecido de Pierre Louis Moreau de Maupertuis, então presidente da Academia das Ciências e Belas-Letras de Berlim, de Daniel Bernoulli e de Leonhard Euler. Estes dois últimos, originários de Basiléia, eram também membros da Academia, instituição especialmente apreciada pelo rei da Prússia, Frederico II. D'Alembert submeteu, em 1746, a versão latina de sua obra *Reflexões sobre a causa geral dos ventos* ao concurso aberto para o prêmio da Academia de Berlim, e ganhou-o, à frente de Daniel Bernoulli, sendo, então, eleito membro dessa academia. Em 1749, inscreveu-se novamente para outro prêmio da Academia de Berlim, mas desta vez sem sucesso; a obra apresentada, uma longa dissertação (em latim) sobre os problemas da hidrodinâmica, foi publicada em francês em 1752 com o título *Ensaio para uma nova teoria da resistência dos fluidos*; e aparece retrospectivamente como de importância fundamental para o desenvolvimento da hidrodinâmica e da física dos meios contínuos.

Ao mesmo tempo que a maestria de d'Alembert se afirmava, crescia sua reputação e seu nome aparecia cada vez mais nas correspondências científicas de seu tempo. Prosseguia incansavelmente seus trabalhos sobre análise, mecânica e hidrodinâmica, sobre astronomia, acústica e, mais tarde, também sobre ótica. Encontrou a primeira solução do problema da equação das cordas vibrantes, publicada em 1747, abrindo um novo campo das equações com derivadas parciais, que desenvolveu, além disso, em suas obras sobre os fluidos ou meios contínuos de 1746 (sobre os ventos) e de 1749-52 (sobre a resistência dos fluidos). Publicou em 1745 sua primeira dissertação sobre o problema da atração gravitacional (newtoniana) de três corpos, assunto em relação ao qual ele se viu em forte concorrência com Clairaut e Euler. Em suas *Pesquisas sobre a precessão dos equinócios e sobre a nutação do eixo da Terra*, publicadas em 1749, forneceu a explicação teórica desses fenômenos observados pelos astrônomos (o primeiro tinha sido assinalado por Hiparco, na Antigüidade), relacionando-os com a ação combinada da Terra, da Lua e do Sol, determinada com precisão graças ao desenvolvimento de novos métodos de cálculo.

Tendo entrado para a Academia, em parte graças a Clairaut, muito depressa começou a competir com este. No mesmo ano em que d'Alembert leu diante da Academia seu *Tratado de dinâmica*, Clairaut também fez a leitura de suas próprias pesquisas, intituladas de maneira similar – o que levaria d'Alembert a publicar mais rapidamente seus resultados. A concorrência entre ambos intensificou-se e se transformou, pouco a pouco, em hostilidade declarada. Os dois cientistas se interessavam na maior parte do tempo pelos mesmos problemas de física e de astronomia – pertencentes à "matemática mista", como se dizia então –, que ambos abordavam por meio da análise "sublime", isto é, utilizando o cálculo diferencial e integral. Disso resultaram incessantes disputas de prioridade, e d'Alembert tomou a decisão de publicar seus principais trabalhos antes de apresentá-los inteiramente diante da Academia de Ciências.

A preocupação em salvaguardar o caráter de novidade de suas descobertas fazia com que ele negligenciasse o acabamento e a clareza da apresentação. Seus textos, livros ou artigos, editados às pressas, mantinham algo do caráter bruto, e às vezes confuso, do momento em que surgiam. Ele não lhes dedicava o tempo necessário para dar-lhes aquela perfeição formal que, por outro lado, estabeleceu a reputação de seu colega e concorrente, Euler.

A hostilidade de Clairaut acabou tendo o efeito de bloquear o progresso hierárquico de d'Alembert na Academia de Ciências, onde permaneceu como "associado astrônomo adjunto" até a morte de seu rival, em 1765. D'Alembert sucedeu-o, não sem dificuldade, posto que a pensão que lhe era paga foi inicialmente recusada pelo rei, que se indispusera contra ele em razão da publicação da obra *A destruição dos jesuítas na França*. A rivalidade com Euler não foi menor do que a com Clairaut. Pioneiro em muitos aspectos, d'Alembert preocupava-se em estabelecer os méritos de seus trabalhos, tanto mais porque a apresentação perfeita dos trabalhos de Euler eclipsava, de certa forma, os tateantes esforços anteriores. Chegou a acontecer que Euler retomasse, sem citação, as idéias e resultados de d'Alembert, e a posteridade acabou por lhe atribuir o mérito, por sua apresentação mais direta e elegante.

Como uma fatalidade, eram os mesmos assuntos fundamentais que os atraíam – especialmente no que diz respeito à hidrodinâmica ou, em astronomia, o problema dos três corpos. As relações entre os dois homens, cuja correspondência foi amigável até 1751, tornaram-se tensas. D'Alembert soube que devia a Euler a recusa do prêmio da Academia de Berlim a seu trabalho sobre a resistência dos fluidos, no qual, entretanto, o geômetra suíço inspirou-se amplamente. A rivalidade científica entre ambos aumentava ainda mais por um ressentimento de Euler em relação a seu colega mais jovem e pela influência intelectual que este exercia sobre Frederico. O rei da Prússia sempre se recusou a dar a presidência efetiva da Academia, após a partida de Maupertuis, ao "geômetra caolho" – que era como chamava Euler em suas cartas a d'Alembert –, reservando-a a este último, na esperança de que este voltasse atrás em sua recusa. D'Alembert encarnava, de fato, o cientista e o filósofo, aos olhos de Frederico. Com isso, Maupertuis conservou o título de presidente até sua morte, em 1759, sendo Euler presidente apenas interinamente.

A suscetibilidade freqüentemente excessiva de d'Alembert teve inegavelmente um papel em todos esses conflitos. Mas ele sempre julgou eqüitativamente seus colegas, dizendo que Euler era um "homem muito desagradável, mas um grande geômetra", e inúmeros testemunhos deram provas das boas disposições de d'Alembert em relação a seu colega mais velho, e de suas intervenções em favor dele junto a Frederico, para uma melhoria de sua situação (Euler tinha uma família numerosa). Também defendeu Clairaut por muito tempo após sua morte, contra alegações que pretendiam diminuir a importância de suas contribuições científicas.[3] Nem sempre seus rivais deram mostras, em relação a ele, de idêntica probidade intelectual.

---

3. D'Alembert, *Lettre à Voltaire*, 3 de março de 1766; *Lettre à un correspondant*, 1777.

D'Alembert teve dificuldades em publicar seus trabalhos nas *Memórias da Academia de Berlim* por causa de seu conflito com Euler. Voltou a ser livremente admitido na Academia quando Lagrange, que ele tinha apresentado a Frederico, chegou à presidência. As dificuldades de d'Alembert nas duas academias, devidas às hostilidades de seus colegas (Clairaut, em Paris, e Euler, em Berlim), e sua preocupação em assegurar os direitos sobre suas descobertas levaram-no, desde então, a registrar a maior parte de suas pesquisas em seus *Opúsculos matemáticos*, cujos dois primeiros volumes foram publicados em 1761.

D'Alembert elaborou sua obra científica entre 1742 e 1754. Em seguida, num ritmo menos rápido, prosseguiu seus trabalhos, com importantes contribuições, até a publicação do terceiro volume dos *Opúsculos matemáticos*, em 1764. Suas publicações ulteriores, fragmentadas, são de menor interesse. É possível compreender a causa desse esgotamento progressivo dada a importância crescente de sua atividade literária e seu engajamento filosófico-político. Acrescente-se a isso a deterioração de sua saúde e suas freqüentes enxaquecas, que tornavam impossível uma concentração prolongada. Sua obra filosófica é, aliás, igualmente feita de fragmentos bastante curtos, retomados e reunidos numa construção organizada, como no caso de seu *Ensaio sobre os elementos de filosofia*.

Retrato

D'Alembert encontrava-se então em plena maturidade e no auge de sua glória. A pintura pastel que o pintor La Tour fez do pensador em 1753 mostra-o aos 36 anos, já seguro de sua precoce celebridade, mas de aspecto aberto e sensível, pronto para se entusiasmar ou para sorrir ironicamente. Seus amigos referiam-se a ele como sendo de temperamento franco, pouco inclinado a dobrar-se a obrigações e mundanidades, alegre mas também capaz de se enraivecer como uma criança contrariada. Franzino e com voz fraca, isso fez que alguns suspeitassem que fosse impotente. Excessivamente emotivo, extremamente suscetível e de humor instável, ele podia ser facilmente abordado, era falante e discorria sobre qualquer assunto, ainda que às vezes de maneira um tanto desconexa; era também "muito traquinas e contava muitos contos bons que deveriam divertir muitíssimo o rei (Frederico II, da Prússia)", segundo as palavras de Meister, um dos redatores da *Correspondance littéraire*. Em suma, para retomar os termos de seu próprio auto-retrato, "ninguém duvidaria, ao vê-lo, que ele passou a maior parte de sua vida mergulhado em profundos estudos".

Pouco dado a demonstrar seus afetos, d'Alembert é imaginado como um homem que subitamente se enfezava quando algo o desagradava ou alguém proferisse diante dele tolices ou inverdades. "Ele pode então", escreveu a respeito de si mesmo, "tornar-se cruelmente cáustico ou mesmo injusto." O crítico La Harpe, contemporâneo da Revolução, hostil às idéias de d'Alembert e de seus amigos filósofos, reconhecia entretanto suas qualidades humanas:

> Possuía malícia no espírito mas bondade no coração... e se lhe censuravam certos traços de mau humor ou de prevenção, era, no entanto, incapaz de falsidade ou maldade.[4]

Pouco preocupado com dinheiro e riquezas, d'Alembert utilizava uma parte do que ganhava para ajudar os Rousseau, sua família adotiva, e outras diversas pessoas sem recursos. Confessava ter certa vaidade – ser sensível

---

4. La Harpe, *Le Lycée ou Cours de Littérature ancienne et moderne*, Paris, ano XIII, vol. 15, p. 130.

aos elogios e à adulação –, mas sabia lidar com isso com desapego, e não andava em busca de honras. Sua maior preocupação era preservar a independência e a liberdade. Homem de poucas necessidades, nascido "com poucas paixões [...], ele construiu sua existência no mundo sem ajuda de ninguém", tal como indica seu auto-retrato. Por trás de sua sensibilidade, a razão logo prevalecia, e ele impunha a si mesmo um esforço permanente para aparecer de acordo com a imagem que queria mostrar. Chegou a confessar que dizia "muitas tolices, mas que de modo algum as escrevia", pois para ele o importante era a palavra escrita. Seu estilo traz a marca daquela desconfiança dos sentimentos e das reações impulsivas; ele é sóbrio, até mesmo seco, sem os ornamentos habituais na época; possuía uma justeza e uma economia de expressão muito clássicas, que fazem de seus textos literários, e sobretudo dos filosóficos, uma leitura agradável para os dias de hoje.

Sua maneira de escrever corresponde bem ao "espírito filosófico" pregado por Voltaire, "que faz que se despreze a declamação e que se discuta a verdade com exatidão", e estava de acordo com a principal exigência para a atitude do filósofo iluminista, cujas características tinham sido anunciadas por Fontenelle (que fora seu protótipo[5]): a recusa de qualquer autoridade abusiva, a reivindicação do exercício da liberdade, "essa liberdade tão necessária à verdadeira filosofia", que se encontra afirmada no *Discurso preliminar*, e a tolerância que, em seu caso, acompanhava seu próprio ceticismo – pois, para ele, com exceção das ciências exatas, "não há quase nada que pareça bastante claro para não deixar muita liberdade às opiniões".[6]

---

5. Fontenelle, que viveu cem anos (1657-1757), foi o autor, entre outras obras, de *Entretiens sur la pluralité des mondes* (1686), bem como de considerações sobre o cálculo infinitesimal (ver capítulo 4).
6. D'Alembert, "Portrait de l'auteur par lui-même", in *Œuvres*, 1821, vol. 1.

Salões

Ao mesmo tempo em que avançava pelo caminho que faria dele um dos maiores geômetras de seu tempo, d'Alembert vira, muito cedo, abrirem-se diante de si as portas dos centros da vida intelectual e mundana que, na Paris da época, eram os salões. Sua ascendência, que não era segredo para ninguém, contribuiu para isso, tanto quanto a auréola que acompanhava seu brilhante início na vida científica: ser bem-nascido, mesmo tratando-se de um bastardo, era uma condição de acesso à boa sociedade, e a *intelligentsia* daquele tempo preocupava-se muito com isso (Voltaire, por exemplo, era muitíssimo sensível a essa questão). Diderot, simples filho de cuteleiro, não pôde contar com a mesma facilidade de acesso, nem nos salões nem nas Academias.

D'Alembert freqüentou, de início, o salão da senhora Geoffrin, onde revelou seus talentos de imitador e de contador de histórias. Depois, encarregou-se dele a marquesa du Deffand, que lhe dedicou uma amizade materna e possessiva, e de cujo salão ele se tornou a principal atração. Esses sucessos mundanos fáceis não alteravam, contudo, seu comportamento e suas concepções. Sua protetora descreveu-o como um jovem "gato selvagem", de tempestuoso orgulho:

> Ele não exige nada de seus amigos, e prefere servi-los a ser servido. O reconhecimento talvez se pareça por demais, para ele, com os deveres; e incomodaria sua liberdade [...]. Qualquer incômodo, qualquer obrigação, de qualquer tipo que se queira, é-lhe insuportável.[7]

---

7. Cf. Janine Bouissounouse, *Julie de Lespinasse*, Hachette, Paris, 1958.

A marquesa insistiu muito para que o jovem cientista apresentasse sua candidatura à Academia Francesa, na qual ingressou, graças à influência dela, em 1754. Isto porque ele se tornara, nesse meio tempo, uma nova celebridade como homem de letras e filósofo, o que viria de certa forma fazer concorrência ao seu estatuto de cientista.

D'Alembert trabalhava de manhã na casa de seus pais adotivos e saía durante a tarde para visitar os amigos, os salões e as duas academias. Entristecida por vê-lo estudar sem parar, sua mãe adotiva lhe dizia:

> Você será apenas um filósofo. E o que é um filósofo? Um louco que se atormenta durante a vida, para que falem dele depois que tiver deixado de viver.

Depois da morte de Julie de Lespinasse, durante todo um período de sombrio abatimento, talvez d'Alembert não estivesse muito longe de compartilhar dessa opinião ditada pelo bom senso popular.

O contraste entre essas duas partes de sua existência quotidiana surpreende: ele viveu assim, durante toda a juventude até a maturidade, em dois meios sociais totalmente diferentes. Isso ajuda a compreender sua distância e reserva em relação às "pessoas da sociedade", e a sabedoria um pouco estóica que pregava – e praticava – em relação à agitação decorrente do sucesso e das honras, que muito cedo conheceu. Mas seu caráter hipersensível, e também suas concepções morais, ao mesmo tempo estóicas e jansenistas, bem como a predileção por autores da Antigüidade, como Tácito – que chegou a traduzir –, explicam igualmente esse comportamento, que ele professava com uma pontinha de afetação.

3
As escolhas do filósofo

Jean-Jacques Rousseau apresentou Condillac a Diderot, que lhes apresentou d'Alembert. Os filósofos se reuniam regularmente, freqüentavam os cafés[1] – surgidos há pouco tempo –, e é possível imaginar a efervescência de idéias que podia nascer entre o jovem matemático, já célebre, Rousseau, futuro autor do *Discurso sobre as ciências e as artes* (que seria publicado em 1750), do *Discurso sobre a origem da desigualdade entre os homens* (1754), do *Emílio* e das *Confissões*, Condillac, autor do *Ensaio sobre as origens dos conhecimentos humanos* (publicado em 1746), e Diderot, autor dos *Pensamentos filosóficos*, escritos no mesmo ano e condenados logo depois à fogueira pelo Parlamento.

Condillac e Rousseau

Entre os três, é provável que d'Alembert se sentisse intelectualmente mais próximo de Condillac. Suas preocupações, desenvolvidas no *Ensaio* anteriormente citado, no *Tratado dos sistemas* e no *Tratado das sensações* (esses dois últimos publicados em 1749 e 1754), são muito

---
1. Especialmente o café *Procope*, que existe ainda hoje e situa-se na rua de l'Ancienne Comédie, no sexto *arrondissement* de Paris.

próximas das de d'Alembert no *Discurso preliminar da Enciclopédia* (1751), nos seus verbetes contidos na mesma obra e em seus *Elementos de filosofia* (1759). A concepção da análise dos sentidos que ele expõe aí deve inegavelmente algo ao pensamento de Condillac; inversamente, o *Tratado dos sistemas* deste último baseia-se amplamente nas descobertas do *Tratado de dinâmica* de d'Alembert. A convivência com Condillac vinha em bom momento, num período em que d'Alembert se interessava cada vez mais pela filosofia, e foi com certeza responsável em grande parte pelo amadurecimento que acabaria levando à redação do *Discurso preliminar*.

As relações com Jean-Jacques Rousseau foram menos serenas. Um interesse comum pela música aproximou-os inicialmente: d'Alembert já tivera a oportunidade, pouco depois de sua entrada para a Academia de Ciências, de escutar a leitura que Rousseau fizera ali, em 1742, de seu *Projeto relativo a uma nova notação para a música*. Ele próprio publicaria, dez anos mais tarde, em 1752, os *Elementos de música teórica e prática*, seguidos, em 1754, pelas *Reflexões sobre a música em geral e sobre a música francesa em particular*, nas quais teorizava as concepções de Rameau. Rousseau foi colaborador da *Enciclopédia*, e nela estava encarregado precisamente dos verbetes sobre música, tendo contribuído também com textos sobre economia política. D'Alembert lhe deve, pelo menos parcialmente, seu interesse pelas questões sociais, como demonstra seu *Discurso preliminar*, que menciona o *Discurso sobre as ciências e as artes*, publicado no ano anterior.

No entanto é difícil imaginar duas personalidades mais díspares: Jean-Jacques era de temperamento apaixonado, emotivo e instável, ao passo que d'Alembert podia transmitir uma impressão de frieza, prudência, até mesmo de cálculo, e dava provas certamente de perseverança em tudo o que empreendia. Daí surgirem entre eles diversos mal-entendidos. Rousseau manifestou muito depressa sentimentos de hostilidade contra d'Alembert, colocando-o entre seus "perseguidores", quando na verdade este se esforçava para ajudá-lo e justificar seu comportamento diante de seus detratores – entre os quais Voltaire. D'Alembert apreciava a sensibilidade, a naturalidade, o calor humano e a sinceridade do autor de *A nova Heloísa*, obra que comentou favoravelmente[2], embora tenha manifestado alguma impaciência em relação a suas fraquezas e àquilo que ele chamaria mais tarde de sua loucura.

O verbete "Genebra", redigido por d'Alembert (volume VII da *Enciclopédia*) deu ensejo à primeira controvérsia pública entre os dois.[3] Algum tempo depois, Rousseau atribuiu erroneamente a d'Alembert um panfleto que o atacava, a *Carta ao rei da Prússia*, escrita na verdade por Horace Walpole, que tratava da querela que estourara, em 1766, entre ele e o filósofo escocês David Hume. Este último, aliás, tinha se tornado amigo de d'Alembert por ocasião de uma de suas estadias em Paris. Rousseau, que já se sentia contrariado pelos laços privilegiados que d'Alembert mantinha com Voltaire, a quem detestava, atacou violentamente o enciclopedista. D'Alembert perdeu a paciência e se alinhou, na disputa, ao lado de Hume.

Deixando de lado tais peripécias, resta dizer que d'Alembert considerava que o grande defeito das idéias e da filosofia de Rousseau era o de serem fruto muito mais de sua sensibilidade do que de sua razão: grave fraqueza, para quem concebia a filosofia, ao contrário, como uma ascese da inteligência.

---

2. D'Alembert, *Œuvres*, Bastien, Paris, 1805, vol. 5, p. 368.
3. Ver capítulo 11.

Diderot

De todos esses encontros, o mais decisivo, porém, foi com Denis Diderot, apesar das diferenças de seus temperamentos e de suas escolhas intelectuais (d'Alembert era um racionalista, Diderot um imaginativo) ou, antes, por causa delas, porque foram fonte de descobertas e enriquecimento para ambos. Pode-se perguntar se d'Alembert teria composto a obra-prima *Discurso preliminar* – e por conseguinte seus escritos filosóficos posteriores, dos quais o *Discurso* constitui o primeiro ensaio – se não tivesse sido levado a trabalhar lado a lado com o filho do cuteleiro de Langres. A simpatia que se estabeleceu entre os dois homens foi muito grande. D'Alembert fala de Diderot, em sua correspondência, antes do desentendimento que tiveram em 1758, como de um amigo íntimo. Em seu "Elogio de d'Alembert", Condorcet daria mais tarde um testemunho disso, nos seguintes termos:

> [D'Alembert] tinha se apegado, desde a juventude, por uma amizade terna e sólida, a um homem de grande espírito, de imaginação viva e brilhante, cujos vastos interesses abrangiam ao mesmo tempo as ciências, as letras e as artes... apaixonado igualmente pelo verdadeiro e pelo belo, igualmente [capaz de] penetrar nas verdades abstratas da filosofia, [de] discutir com refinamento os princípios das artes e [de] pintar seus efeitos [...] [enquanto escritor] ousado no estilo e nas idéias [...], que inspirava [a seus leitores] o desejo de aprender a pensar.

Talvez eles tenham inicialmente se aproximado em função de um interesse comum pela ciência predileta de d'Alembert: Diderot havia publicado em 1748 suas *Memórias sobre assuntos matemáticos diversos*, mas essa ciência se tornaria em seguida uma razão de desentendimento

– e Diderot não podia evidentemente entrar em competição nesse assunto. D'Alembert foi antes de mais nada seduzido pela amplitude da visão e pela inesgotável curiosidade de espírito de seu novo amigo Diderot, que

> explora inicialmente com paixão o campo das ciências matemáticas, depois os da física, da biologia e da medicina, para nos dar essa obra-prima de ficção científica [...] que terá como título *O sonho de d'Alembert*.[4]

Diderot e d'Alembert lançaram-se juntos na empreitada da *Enciclopédia*, destinada a difundir os novos conhecimentos e o espírito do Iluminismo. A história de suas relações estreitas e às vezes turbulentas confunde-se de fato com a da *Enciclopédia* e a de seus respectivos engajamentos naquele empreendimento coletivo. Embora tenha sido encarregado expressamente das "ciências matemáticas", no sentido amplo da expressão, enquanto Diderot assegurava a coordenação do conjunto, d'Alembert contribuiu também de forma importante, no primeiro período, para a direção geral da obra.

Em 1749, Diderot ficou preso durante vários meses no forte de Vincennes, por ter publicado sua *Carta sobre os cegos*. Naquela ocasião, d'Alembert teve de assumir uma maior responsabilidade na *Enciclopédia*, cuja preparação precisava ser garantida apesar da ausência de Diderot (além das iniciativas para tentar libertá-lo, às quais d'Alembert se dedicou energicamente juntamente com os editores encarregados da publicação). Era uma época de grande efervescência intelectual: apenas naquele ano de 1749 foram publicadas obras importantes e inovadoras de Buffon,

---

4. Roland Mortier, *Le Cœur et la raison. Recueil d'études sur le dix-huitième siècle*, Voltaire Foundation, Paris, Oxford/Ed. de l'Université de Bruxelles/Universitas, 1990, p. 35.

Diderot, Condillac e Montesquieu. D'Alembert participou com entusiasmo dessa ebulição – como testemunham suas cartas ao matemático e filósofo de Genebra, Gabriel Cramer, o primeiro de seus correspondentes a quem havia informado, um ano antes, de seu trabalho na *Enciclopédia*.[5]

Foi naturalmente ao jovem geômetra – cuja reputação já era grande – que coube, de comum acordo, a redação do *Discurso preliminar* que abria o primeiro volume (publicado em 1751), cuja importância foi a de um verdadeiro "manifesto iluminista". D'Alembert tinha concluído, pouco antes, um primeiro escrito não científico, o "Elogio ao abade Terrasson", que tinha sido bem acolhido pelo público. Como confiou a Cramer, ele dera à redação do *Discurso* o melhor de si. Considerava a recepção a esse texto um teste de sua aptidão para tratar tais questões. O resultado não se fez esperar, e o sucesso justificou todas as esperanças. D'Alembert ficou sem dúvida um tanto embevecido por tamanho êxito, e se lançou ardentemente nas polêmicas que a obra militante suscitou: a partir do ano seguinte, as ameaças contra a *Enciclopédia* começaram a se acumular.[6]

A amizade entre d'Alembert e Diderot e sua colaboração tiveram momentos difíceis, de verdadeira provação, quando a publicação da *Enciclopédia* foi gravemente ameaçada. A continuidade do empreendimento dependia da escolha de uma estratégia, e seus pontos de vista a esse respeito eram opostos. Outra divergência entre eles, importante não somente nos debates filosóficos, mas também em relação às posições institucionais, dizia respeito ao lugar da matemática e da física em relação às outras ciências.

---

5. Cartas de d'Alembert a Cramer, dos dias 16 de junho de 1748 e 21 de setembro de 1749, publicadas in Charles Henry (ed.), *Œuvres et correspondance inédite de d'Alembert*, Paris, Perrin, 1887.
6. Ver capítulo 11.

Diderot pregava a nova superioridade das nascentes ciências da vida, considerando o reinado da matemática como concluído.

Em 1758 explodiu a disputa mais forte entre ambos, que assumiu a forma de uma ruptura; d'Alembert demitiu-se de suas funções à frente da *Enciclopédia*, mas continuou a supervisionar a parte "matemática". Durante o tempo em que durou a briga, eles se viram esporadicamente, mas os contemporâneos afirmam que, quando se encontravam, pareciam ainda muito bons amigos. Seu rancor se exprimia ao menos junto aos familiares de cada um – Diderot relegava de bom grado seu colega ao domínio da matemática:

> Que ele se limite às equações, essa é a parte que lhe cabe.

Talvez ele tivesse começado a sentir algum ciúme da glória de d'Alembert – inclusive a glória literária, que ele julgava menos justificada – e de sua posição influente. Pois não fora nele que pensara Catarina da Rússia para se ocupar da educação de seu filho, o grão-duque?

> Se d'Alembert se considera infinitamente melhor do que eu para resolver uma equação diferencial, eu me considero muito mais à altura para modelar um coração, educá-lo, inspirar-lhe um gosto sólido e profundo pela virtude e pela verdade... (*Carta a Grimm*)

D'Alembert, de sua parte, ironizava as atitudes de seu colega nas cartas escritas a Voltaire, que tomava cuidado para não acirrar os ânimos, queixando-se dos efeitos dessa rixa no "partido filosófico", e tentando conciliá-los.

Mas sua ruptura momentânea jamais apagou a simpatia que os unira e eles retomaram as relações por ocasião de uma grave enfermidade de d'Alembert, em 1765. Diderot postou-se à sua cabeceira e as queixas existentes entre eles pareceram apagar-se: *O sonho de d'Alembert* imortalizaria a amizade reencontrada. Depois disso, eles se viram com freqüência. Quando da morte de d'Alembert, Diderot diria a seu amigo Naigeon:

> Eis uma grande luz que se extingue e uma grande inteligência a menos.

O próprio Diderot morreria um ano mais tarde, e a posteridade reuniria para sempre o nome dos dois.

O patriarca de Ferney

Voltaire, que já era célebre quando d'Alembert começou sua carreira, foi outro filósofo importante em seu itinerário. Autor das *Cartas filosóficas*, ou *Cartas inglesas* (1734), e dos *Elementos da filosofia de Newton* (1738), contribuiu significativamente para introduzir na França a filosofia inglesa (especialmente a de Newton e Locke), que seria mencionada favoravelmente no *Discurso preliminar*. D'Alembert estabeleceu relações com ele a partir de 1746, enviando-lhe sua obra sobre os ventos; o filósofo de Ferney respondeu-lhe com um cumprimento: "Não há casa em que sejais mais estimado".

O *Discurso preliminar* celebrou Voltaire – o poeta, o literato e o historiador –, ao passo que Voltaire, em *O século de Luís XIV*, louvou o trabalho "imenso e imortal" da *Enciclopédia*.

No início, as relações entre os dois filósofos foram apenas episódicas e simplesmente corteses. Voltaire, que, por uma rivalidade pessoal junto a Frederico da Prússia, já se opusera a Maupertuis quando este fora nomeado presidente da Academia de Berlim, tinha participado, com sua *Diatribe do doutor Akakia* (1752), de uma perseguição contra ele, contestando sua paternidade do princípio da menor ação, falsamente atribuído a Leibniz por um certo Kœnig. D'Alembert, que havia tomado o partido de Maupertuis, como se vê por seus verbetes "Ação" e "Cosmologia", publicados nos primeiros volumes da *Enciclopédia*, não apreciou a participação de Voltaire nessa injusta polêmica.

Suas cartas a este último ficaram mais freqüentes e tomaram um direção calorosa e um tom confidencial quando d'Alembert o recrutou para a *Enciclopédia*, e passaram a combater juntos "pela causa". As trocas de elogios, desde então freqüentes, fazia parte da estratégia: qualquer ataque feito contra um dos membros do "partido filosófico" devia – segundo eles – ser considerado como um ataque ao gênio e ao talento.

Depois da redação, por d'Alembert, do verbete "Genebra" – que suscitou uma viva polêmica com os pastores da cidade e com Rousseau, mas obteve, por isso mesmo, a maior aprovação de Voltaire, que viu nele uma reabilitação do teatro capaz de despertar a idéia da encenação de suas peças na cidade de Calvino[7] – e, mais ainda, depois da estadia de d'Alembert em companhia de Condorcet nas Délices, propriedade de Voltaire em Ferney, durante o verão de 1771, o acordo entre os dois foi perfeito e não mais seria interrompido. Voltaire viu em d'Alembert seu sucessor à frente do "partido filosófico" e, quando ambos se retiraram da *Enciclopédia*, trataram de ocupar posições no interior das academias, de modo a angariar seu apoio para as idéias filosóficas.

---

7. Rousseau havia farejado a influência de Voltaire na redação do verbete de d'Alembert: o "patriarca de Ferney" fizera, de fato, que nele fosse sugerida a criação de um teatro em Genebra. A *Carta a d'Alembert sobre os espetáculos*, de J.-J. Rousseau, teve o efeito de retardar esse estabelecimento até 1782. Situada do lado francês da fronteira, a cidadezinha de Ferney (hoje Ferney-Voltaire) é vizinha de Genebra, onde Voltaire podia refugiar-se caso fosse ameaçado.

Voltaire, que militava acima de tudo por sua atividade panfletária, teria desejado que d'Alembert a ela se consagrasse um pouco mais. Mas este contentou-se em publicar *A destruição dos jesuítas* (que foi também, segundo as palavras de Voltaire, a dos jansenistas) e estimou, de resto, que tinha coisas melhores a fazer. De fato, ele teve grande êxito em sua incursão pelas academias, conseguindo com isso a adesão de seu correspondente às suas teses de como conduzir a luta das idéias no seio da instituição. Quando do caso Calas[8], o apoio de d'Alembert foi especialmente precioso para Voltaire, alvo de ataques que vinham de todos os lados. Entretanto, Voltaire às vezes tinha algumas fraquezas por alguns "poderosos" que acreditava haver conquistado, sugerindo que "a filosofia" se acomodasse a eles: tais compromissos eram desaprovados por d'Alembert, que suspeitava da nobreza e do poder, proclamava isso abertamente, e era, por essa razão, muito malvisto na corte.

Quando d'Holbach publicou, em 1770, seu *Sistema da natureza*, no qual enunciava uma filosofia materialista que condenava igualmente os padres e os reis, e que resultou em críticas violentas aos filósofos, Voltaire e d'Alembert sentiram-se igualmente descontentes: eles faziam uma diferença entre soberanos "esclarecidos" e retrógrados, sendo muito cuidadosos em não hostilizar os primeiros. Os filósofos se repartiam então em duas tendências: uma representada por Voltaire, e a outra dos "materialistas" d'Holbach, Diderot, Helvetius. D'Alembert, que se alinhava a Voltaire do ponto de vista da estratégia, era

---

8. Jean Calas, protestante de Toulouse, acusado do assassinato de seu filho para impedi-lo de abjurar em favor do catolicismo e submetido ao suplício da roda em 1762, foi reabilitado em 1765, em grande parte graças a Voltaire.

contrário a essa ruptura radical, e se inclinava, em certos pontos, na direção do outro clã; aliás, ele próprio não estava muito distante de uma metafísica materialista. Mas seu objetivo de apoderar-se da instituição exigia concessões para com o sistema da ordem estabelecida e, antes de mais nada, que se respeitassem as regras do jogo.

Julie de Lespinasse

Em 1754, ano em que d'Alembert entrou para a Academia Francesa, uma jovem de 22 anos vinda do interior hospedava-se na casa de madame du Deffand, que estava quase cega, para servir-lhe de dama de companhia e de leitora. Seu nome era Julie de Lespinasse. Esse acontecimento, aparentemente de menor importância, teve grandes conseqüências na vida de nosso geômetra.

A história do nascimento de Julie era ainda mais romântica do que a de d'Alembert. Nascida em 1732, filha adulterina da condessa d'Albon, seu pai era ninguém menos que o próprio irmão da marquesa du Deffand. Este, em razão de seu casamento com uma filha legítima da condessa, meia-irmã de Julie, tornou-se assim cunhado de sua própria filha.

Alta e bem-feita de corpo, segundo os cronistas de seu tempo – ainda que sua beleza não tivesse nada de particularmente notável, mesmo antes de ter ficado com o rosto marcado pela varíola dez anos mais tarde –, Julie conquistou, por seu encanto, espontaneidade e brilhante inteligência, os freqüentadores do salão, sobretudo o velho presidente Hénaut. A amizade de d'Alembert foi uma das mais difíceis de conquistar, mas, tão logo obtida, "tornou-se", escreve um comentador da época, "a mais calorosa de todas". A personalidade daquela que Sainte-Beuve qualificaria mais tarde de "Héloise em ação", e que Marmontel descreveu, em suas *Memórias*, como um "surpreendente composto de decoro, razão, sabedoria, com a mente mais viva, a alma mais ardente, a imaginação mais inflamável que existiu desde Safo", estava bem preparada para exercer uma profunda atração sobre espíritos tão ilustres como os de d'Alembert, Turgot, Condorcet, que foram seus amigos íntimos, e para colocar-se no centro de um dos principais grupos da *intelligentsia* de seu tempo.

A marquesa du Deffand não apreciou muito a estreita amizade que se estabeleceu entre sua pupila (e sobrinha) e seu "protegido"; temendo que este lhe escapasse, rompeu com Julie, expulsando-a de sua casa. A jovem, rodeada de amigos, não teve dificuldades para encontrar uma morada, e não tardou a abrir seu próprio salão. Por ocasião de sua enfermidade – a varíola – que ela contraiu nesse mesmo ano de 1764, d'Alembert cuidou dela com grande dedicação, o que ela lhe retribuiria mais tarde, quando ele caiu gravemente doente, em 1765. Seguindo os conselhos de seu médico, d'Alembert teve então de abandonar a casa de sua família, os Rousseau, cuja insalubridade ameaçava sua saúde frágil. Instalou-se assim no mesmo imóvel que Julie de Lespinasse, fato que foi muito comentado e fez correr o boato do casamento entre ambos.

A relação entre os dois começou provavelmente por volta de 1760; mas em 1766 não passava de um apego sem paixão da parte de Julie, ainda que quase conjugal. A jovem apaixonou-se pelo marquês de Mora, jovem aristocrata espanhol que morreu precocemente de tuberculose e, mais tarde, pelo conde de Guibert, um militar, autor de tratados de estratégia que se tornariam clássicos. D'Alembert, que tinha permanecido profundamente apegado a ela, só descobriu essas relações após a morte de Julie. Como seu executor testamentário, tomou conhecimento das cartas de Mora, e recebeu um choque que o afetou até o final da vida. Sua paixão por Julie explodiu em textos emocionantes que escreveu logo após a morte da amiga, "Sobre o túmulo de Julie de Lespinasse" e "À alma de Julie de Lespinasse". O tom dilacerante desses escritos contrasta com o recato que impunha a seus outros escritos, até em sua correspondência.

Mesmo quando Julie não mais sentia por d'Alembert senão afeição, essa foi uma ligação sempre viva e privilegiada, na qual tomou parte igualmente seu fiel discípulo Condorcet. "Eles estão identificados comigo", escreveu ela sobre seus dois amigos, "eles me são tão necessários como o ar para respirar; eles não perturbam minha alma mas a preenchem." Quando d'Alembert tombou em profunda neurastenia na época de sua doença, Julie suplicou a Condorcet que ajudasse seu mestre e amigo a curar-se, acompanhando-o a uma viagem à Itália. "Vós combinais com seu gosto e seu coração", escreveu ela ao marquês. "Vinde em meu auxílio [...]. Nosso amigo, o sr. d'Alembert, está em um estado alarmante, enfraquece de maneira assustadora, não dorme mais e só a razão o faz alimentar-se; [...] caiu em profunda melancolia [...], não tem mais forças nem vontade para nada."

Ela esperava, assim como Condorcet, que a distração dessa viagem "o poria de novo em condições de trabalhar, e, por conseguinte, de gozar a vida, o que ele não faz mais, desde que foi privado do maior interesse que tinha, que era o trabalho...".[9] A viagem curou d'Alembert de sua melancolia, embora os dois amigos não tenham chegado à Itália, sentindo-se bastante bem em Ferney, na casa de Voltaire, onde passaram duas agradáveis semanas.

A coabitação de d'Alembert e Julie de Lespinasse marcou, para ambos, o início de um novo período intelectual e social. De maneira geral, os salões da época passavam

---

9. Ver as *Lettres de Julie de Lespinasse*, ed. por Isambert, Paris, Lemerre, 1876, 2 vols.

por uma transformação, consagrando-se mais às trocas de idéias. À diferença dos salões das senhoras Geoffrin e du Deffand, nos encontros realizados na casa de Julie de Lespinasse todas as questões podiam ser debatidas, e a própria anfitriã dava sua opinião, compartilhando e discutindo de maneira apaixonada as idéias de seus amigos: ela seguiu com especial interesse as experiências de Turgot e os estudos econômicos de Condorcet. Os estrangeiros de passagem, segundo o que se dizia, vinham à casa da senhorita Lespinasse atraídos por d'Alembert, mas permaneciam por causa dela.

Nesse barômetro da vida intelectual parisiense que era a *Correspondance littéraire*, redigida para as cortes da Europa por Grimm, Meister ou Diderot, apareceu, em 1770, uma pequena nota, espécie de consagração *filosófica* do salão de Julie:

> A irmã Julie de Lespinasse faz saber que sua fortuna não lhe permite oferecer nem jantares nem ceias, mas nem por isso deixa de querer receber em seu salão os irmãos [filósofos] que queiram vir ali para fazer sua digestão. A igreja [filosófica] encarrega-me de dizer-lhe que irá ter com ela e que, quando se tem tanto espírito e mérito, pode-se prescindir de beleza e fortuna.

Essa mulher inteligente permaneceu, não obstante, presa às convenções do bom tom, e chegava até a manifestar um recato um tanto exagerado. *O sonho de d'Alembert*, em que Diderot a punha em cena, chocou-a por causa de seu tom leviano, e ela exigiu, por intermédio de seu amigo, a destruição do escrito, que Diderot não pôde mandar imprimir. Nele Julie desempenhava o papel de interlocutora do doutor Bordeu, a quem ela transcrevia as palavras ditas pelo adormecido, que o bom doutor comentava (sendo ele mesmo o porta-voz, no *Sonho*, das idéias de Diderot sobre a geração e a evolução dos seres vivos).[10]

O salão de Julie de Lespinasse tornou-se o centro estratégico do combate filosófico. Nele se decidiam as eleições nas academias, tão logo os aliados de d'Alembert disputaram de uma maioria. O comentário dos irmãos Jules e Edmond de Goncourt, no século seguinte, designando-o como "laboratório da *Enciclopédia*" resume bem o papel do salão, verdadeiro "clube filosófico", apesar do anacronismo, já que a redação da *Enciclopédia* estava concluída quando Julie abriu seu salão em 1764.

O profundo sentimento de d'Alembert por Julie tinha assumido uma importância central em sua vida. Ele recusou obstinadamente mudar-se de Paris para Berlim ou para São Petersburgo, e é bem plausível que essa atitude não se explicasse somente pelas razões que alegava. Provavelmente não queria se distanciar dela, e também o desejo de agradá-la incitou-o a consagrar-se mais à redação de escritos mais acessíveis que seus trabalhos científicos, como os *Elogios*.

Os elogios históricos, escritos acadêmicos

Com os *Elogios históricos*, que ocupam um terço de sua obra literária e filosófica, d'Alembert retomava, na verdade, uma tradição que Fontenelle inaugurara na Academia de Ciências em 1699. A redação desses textos tornou-se a atividade principal da última parte de sua carreira. A *Correspondência literária* descreve-os como um

---

10. Segundo Yvon Belaval, sob o nome de Julie de Lespinasse ocultava-se de fato, naquele escrito, a personagem de Sophie Volland, a companheira de Diderot, sendo que o próprio personagem de d'Alembert estava muito mesclado com Diderot. Ver Yvon Belaval, "Les protagonistes du Rêve de d'Alembert", *Diderot Studies*, 3, 1961, p. 25-53. Ver também Ch. Henry, *Correspondance inédite de Mlle de Lespinasse*, Paris, 1887, p. 400.

"curso de literatura em uma forma nova e picante", que "permite difundir as maiores elucidações sobre a metafísica das artes e do gosto" e, por meio disso, sobre o conhecimento de si mesmo. A leitura de seus *Elogios* nas sessões públicas da Academia Francesa proporcionava a d'Alembert um sucesso mundano, mas os louvores que eles lhe valiam não eram unânimes e isentos de críticas. Na opinião de Grimm, "d'Alembert não tem a genialidade do presidente Montesquieu, nem a do sr. Diderot, nem o estilo elevado e majestoso do sr. Buffon, nem a eloqüência simples e máscula do sr. Rousseau". Claro, as qualidades expressivas são aí as mesmas que em outros de seus escritos: "Opiniões precisas e simples", reconhece, aliás, o mesmo crítico, "um estilo de uma evidência admirável, a elegância da precisão e da clareza". Mas os julgamentos de adequação e de "gosto razoável" que aí são formulados não têm a profundidade e a amplidão que distinguem o *Discurso preliminar* e os *Elementos de filosofia*.

Essas críticas ilustram no mínimo o desconforto da posição de d'Alembert em diversos campos de atividades: por vezes malvisto pelos *geômetras* pelo fato de ser filósofo, e pelos filósofos e homens de letras por ser matemático. Elemento de união entre as duas academias – a Academia de Ciências e a Academia Francesa – e os enciclopedistas, d'Alembert era um dos porta-estandartes – talvez o principal – da corrente de idéias que lutava contra a intolerância religiosa e filosófica e contra o absolutismo monárquico. Essa posição subversiva fazia dele um dos alvos privilegiados dos partidários da ordem estabelecida. Criticado e invejado na Academia de Ciências, sua carreira nessa instituição sofreu um atraso considerável: eleito membro adjunto da seção de Astronomia em 1742, tornou-se geômetra associado em 1746, mas precisou esperar até 1765 para obter a consagração tardia do título de pensionário, aos 47 anos. Vítima das mesquinharias do poder, que lhe recusou por muito tempo uma pensão à qual tinha direito[11], d'Alembert também se viu muitas vezes contestado em suas ambições literárias.

Entretanto, ele acabou vencedor em todos as frentes, chegando a uma posição dominante nas academias parisienses, tanto na de Ciências quanto na Academia Francesa. Nesta última, ele foi eleito secretário perpétuo em 1772, e sua derradeira vitória – a dos "filósofos" – foi a eleição, em 1782, de Condorcet.

D'Alembert foi igualmente membro de quase todas as academias da Europa. Além da Academia de Berlim, as de São Petersburgo, Lisboa, Nápoles, Pádua, a Sociedade Real de Londres, o Instituto de Bolonha, a Academia Real da Suécia, as sociedades reais das ciências de Turim e da Noruega contavam com seu nome entre seus sócios, sem omitir a Sociedade Filosófica de Boston e a Sociedade Literária de Kassel.

Déspotas esclarecidos

Os únicos "poderosos" com quem d'Alembert esteve ligado eram "filósofos": o príncipe real da Suécia, com quem teve relações de amizade, bem como Frederico II da Prússia e Catarina da Rússia, que fizeram parte de seus privilegiados correspondentes. Lisonjeado por tal convivência, ele sempre manifestou em relação a esses personagens a mesma preocupação intransigente com sua independência e sua liberdade de julgamento. Em seu "Discurso aos jacobinos", datado de 23 de abril de 1793, em pleno período do Terror, Maximilien Robespierre

---

11. O valor dessa pensão era de 2.400 libras. Vaucanson, que enriquecera com seus autômatos, tinha reclamado essa pensão o que suscitou indignação geral.

criticaria nos seguintes termos os *filósofos*, cujas idéias tinham preparado a Revolução Francesa:

> D'Alembert e seus amigos ridicularizaram os sacerdotes, mas nem por isso deixaram de adular, às vezes, os poderosos e os reis...

No que diz respeito a d'Alembert, só uma fraqueza poderia justificar essa censura: sua relação com Frederico da Prússia, único soberano a quem dedicou louvores em termos quase obsequiosos, a começar pela dedicatória que lhe fez da obra sobre os ventos, premiada pela Academia de Berlim. D'Alembert passou alguns dias em Wesel, do outro lado do Reno, em 1755, a convite do soberano, e permaneceu por três meses em sua corte, em Berlim, em 1763 – estadia da qual possuímos um relato encontrado nas cartas que ele enviou na época a Julie de Lespinasse. A amizade do rei da Prússia, útil para a causa filosófica, era para ele lisonjeadora.

> A amizade de [Frederico II] não me afetava senão pelo interesse que nela manifestais; o tipo de brilho que ela espargia sobre mim era-me caro devido ao sentimento que vos fazia compartilhá-la.[12]

Assim escreveu d'Alembert após a morte de sua companheira, dirigindo-se a sua memória com todos os acentos da sinceridade. O soberano, que lhe tinha concedido uma pensão, propôs-lhe então, mais uma vez, e em vão, a presidência de sua academia. D'Alembert recusou, de maneira não menos firme, quando a imperatriz de todas as Rússias lhe ofereceu, em 1762, pouco depois de chegar ao

---

12. "Sobre o túmulo de Julie de Lespinasse", in *Œuvres*, Bastien, Paris, 1805, vol. 1.

trono, o convite para ser o preceptor de seu filho – por cem mil libras de renda.[13] Tal proposta, entretanto, lisonjeou-o, a ponto de levá-lo a apresentar à Academia a carta escrita de próprio punho pela soberana. A influência intelectual de d'Alembert sobre Catarina da Rússia foi sem dúvida parcialmente responsável pela decisão da imperatriz de comprar a biblioteca de Diderot, concedendo-lhe porém o usufruto em vida:

> Um pouco da estima especial que ela tem por vós ter-se-á refletido sobre mim (*carta de Diderot a d'Alembert*).[14]

Entretanto, apesar da estima recíproca entre ambos e do tom jovial de suas trocas epistolares, o geômetra não se fiava naquela "alma de Brutus revestida dos encantos de Cleópatra" (a frase é de Diderot), que reinava num país longínquo, "mal saído da barbárie". O comentário abaixo lhe é atribuído, após o assassinato de Ivan VI por Catarina:

> Admito que a filosofia não tem por que se orgulhar de semelhantes discípulos.

Ele desconfiava que os "déspotas esclarecidos" só protegiam a filosofia na medida em que esta podia servir a seus interesses. A confirmação disso veio da própria imperatriz, quando ele lhe pediu, "em nome da humanidade e da filosofia", que perdoasse os militares franceses que

---

13. No fim da vida, d'Alembert gozava de uma renda de 22 mil libras. Por muito tempo, ele viveu com bem menos. Pobreza (certamente relativa) e liberdade eram as condições indispensáveis, segundo ele, para a condição de filósofo.
14. Catarina II nomeou Diderot para sua Academia de Belas Artes. Ele passou alguns meses em São Petersburgo junto à imperatriz, em 1773.

haviam combatido ao lado dos poloneses, capturados durante o cerco de Cracóvia, e que estavam apodrecendo nas prisões russas. Em sua resposta, pequena obra-prima de impertinência e espírito, a soberana recomendou ao filósofo, sem rodeios, que se limitasse ao domínio das idéias e o reprovou ironicamente por se interessar pelos destino de alguns aventureiros e ignorar o de "milhares de prisioneiros turcos e poloneses", "vítimas burladas" pelos primeiros.

Dessas cabeças coroadas, como de outros "poderosos" sobre os quais ele publicara um panfleto crítico (*Ensaio sobre os homens de letras e sobre os poderosos*, 1753), d'Alembert se pretendia independente, mesmo se inclinando diante da superioridade de sua condição. Sua atitude deferente em relação a Frederico II não impedia de forma alguma o tom de igual para igual na correspondência entre os dois, quando se tratava de troca de idéias: o sábio e o rei discorriam sobre o clima intelectual em Paris, riam juntos da "infame", criticavam a metafísica e comentavam as obras do geômetra e filósofo. Foi a pedido de Frederico II que d'Alembert redigiu seus *Esclarecimentos ao Ensaio sobre os elementos de filosofia*, que publicou em 1765. Por uma carta que acompanhou a remessa do livro, sabemos que o autor julgou necessário edulcorar um pouco seu pensamento, devido ao "temor de Deus e dos sacerdotes e dos parlamentos, que não valem muito mais que os primeiros". A correspondência de d'Alembert com Frederico da Prússia, às vezes interceptada pelos serviços do governo, permite, muitas vezes, que se restabeleça o verdadeiro pensamento do filósofo, corrigindo as prudências de seus escritos publicados.

Últimos momentos

> A natureza, que fez nascer para a dor e para as lágrimas, deu-nos, em meio a toda nossa infelicidade, dois grandes presentes cujo sentido a maioria dos homens sequer imagina: a morte, para acabar com os males que nos atormentam, e a melancolia, para nos ajudar a suportar a vida em meio aos males que nos desalentam.[15]

Após o falecimento de Julie, a melancolia foi o estado de espírito quase permanente de d'Alembert. A morte do filósofo ocorreu no dia 29 de outubro de 1783: tinha então 66 anos, e faleceu das seqüelas de um emagrecimento mortal causado por uma "doença da bexiga", que seria, provavelmente, cálculos renais. Ele recusou submeter-se a uma operação (litotomia), que talvez tivesse prolongado sua vida, não por falta de coragem, mas ele duvidava do valor dos conhecimentos médicos e cirúrgicos de seu tempo (lembremos que considerava a medicina como "irmã quase gêmea da metafísica, devido à sua incerteza", classificando-a exatamente depois da teologia na série das "impertinências humanas").[16]

D'Alembert esperou dignamente pela morte, sem negar coisa alguma de suas idéias, nem de seu ceticismo filosófico. Fez de Condorcet, que considerava como um filho espiritual, seu legatário universal, encarregando-o de suas últimas vontades. Condorcet, que era então secretário perpétuo da Academia de Ciências e diretor da Academia Francesa, era o próprio símbolo das vitórias obtidas no cerco das duas academias e da posição-chave que d'Alembert ocupava há vários anos na vida intelectual e nas instituições científicas do século, as mais prestigiosas dentre

---

15. D'Alembert, *Carta a Frederico da Prússia*, 1776.
16. D'Alembert, *Carta a Frederico da Prússia*, 17 de setembro de 1764.

as quais tinham aderido às idéias modernas, isto é, as da filosofia iluminista. Apesar de suas dores, d'Alembert disse a Condorcet, sorrindo:

> Meu amigo, devereis fazer meu elogio nas duas academias; não tendes muito tempo a perder para essa dupla tarefa.[17]

Ele recusou o amparo da religião e foi enterrado em uma cerimônia puramente civil.

---

17. Ver a *Correspondance littéraire*, vol. 13.

4
A herança de Descartes e Newton

Na época em que d'Alembert terminava sua formação e se preparava para entrar no mundo científico, um "geômetra" era alguém que se ocupava com a matemática (isto é, com a geometria, a aritmética e a álgebra) e com o que se chamava de "matemáticas mistas", e que logo se preferiria denominar (seguindo o próprio d'Alembert) ciências "físico-matemáticas". Estas últimas, que correspondem hoje à física *teórica* ou *matemática*, diziam respeito somente a um número limitado de matérias, suscetíveis de serem objeto de um tratamento matemático, tais como a astronomia, a óptica geométrica, a mecânica (relativa ao movimento dos corpos sólidos), a hidrostática e um início da hidrodinâmica, e a acústica.

As outras partes da física, em seu sentido geral – óptica física, calor, eletricidade, magnetismo, etc., sem falar da química ou da astronomia exterior ao sistema solar –, encontravam-se ainda num estado bastante empírico, e mal começavam a ser objeto de pesquisas quantitativas. É precisamente o ingresso dessas disciplinas na categoria de teorias matemáticas no sentido da mecânica analítica que as integraria à física teórica – ou, vistas de outro ângulo, à física matemática. Mas isso só iria se desenvolver no início do século XIX. D'Alembert não se interessou diretamente por elas, não por ignorância (ele lhes consagrou alguns verbetes na *Enciclopédia*, ainda que, na verdade, lhes tenha dado pouco espaço em sua tábua dos conhecimentos[1]), mas sim porque tinha fixado um programa preciso para suas pesquisas: ele queria ser apenas "geômetra" no sentido indicado, o que significava, para ele, limitar-se, quanto aos fenômenos do mundo físico, àqueles que podiam (em seu tempo) ser objeto da análise no sentido matemático.

O tempo da análise

Seu "perfil", ou seu "estilo" científico, pode ser essencialmente caracterizado como aplicação da abordagem analítica, tanto em matemática como em física; isto deve ser compreendido no sentido da "nova análise", a do cálculo diferencial e integral, que sucedeu, nos primeiros 25 anos do século XVIII, à análise no sentido cartesiano, também chamada "análise sublime" ou, simplesmente, "análise".

A matemática tinha passado, no decorrer do século anterior, por grandes mutações. Descartes modernizara a álgebra e desenvolvera a geometria algébrica, ou seja, o tratamento das figuras geométricas pelas relações da álgebra expressas em equações. A essa "análise" (por oposição ao estudo direto das propriedades geométricas das figuras, visto como uma síntese), outros cientistas tinham dado contribuições fundamentais, especialmente Fermat, cujo estudo dos *maxima* e *minima* das curvas levou diretamente ao cálculo infinitesimal. Newton e Leibniz tinham inventado, cada um a seu modo, uma versão desse último: o cálculo das *fluxões* (ou derivadas) por Newton, e o cálculo *diferencial* e *integral* por Leibniz.

---

1. Por exemplo, os verbetes "Ar", "Atmosfera", "Aurora boreal", "Calor", "Chama", "Cor", "Experimental", "Explosão", "Fogo", "Magnetismo", "Microscópio", "Relâmpago", "Termômetro", etc.

A aprendizagem de d'Alembert ocorreu pouco tempo depois que o essencial dessas inovações tinha sido assimilado e desenvolvido. Tal assimilação, na parte continental da Europa (na Inglaterra a situação era diferente), tinha sido promovida inicialmente pelo próprio Leibniz (que inventara, além das regras do cálculo, as notações que ainda continuam em uso para os elementos diferenciais e o sinal de integral[2]) e por seus discípulos de Basiléia, os irmãos Jacques e Jean Bernoulli, por volta da virada do século. Estes últimos foram seguidos por seus próprios discípulos, o marquês de l'Hôpital (autor da *Análise dos infinitamente pequenos para a compreensão das linhas curvas*, 1696), Pierre Varignon (a quem devemos as notações diferenciais para a velocidade e a aceleração em cinemática[3]), com o grupo dos malebranchistas[4], que as divulgaram em suas obras, bem como Fontenelle (autor dos *Elementos da geometria do infinito*, 1727).

O cálculo diferencial e integral foi em seguida adotado pela Academia das Ciências de Paris, onde cientistas jovens e notáveis como Alexis Clairaut e Alexis Fontaine[5] foram responsáveis por importantes avanços na análise,

---

2. dx e $\int dx$.
3. $v = \dfrac{dx}{dt}$ e $\gamma = \dfrac{ddx}{dt^2}$. Cf. Michel Blay, *La Naissance de la mécanique analytique. La Science du mouvement au tournant du XVIIe et du XVIIIe siècles*, Presses Universitaires de France, 1992. Ver também Pierre Costabel e Jeanne Pfeiffer, edição da correspondência de Jean Bernoulli com Pierre Varignon (*Der Briefwechsel von Johan Bernoulli*, vol. II, 1-2, Birkhäuser, Bâle, 1988, 1992), bem como G. W. Leibniz, *La Naissance du calcul différentiel, 26 articles des* Acta Eruditorum, ed. por Marc Parmentier, Vrin, Paris, 1989.
4. Cf. André Robinet, "Le Groupe malebranchiste, introducteur du calcul infinitésimal en France", *Revue d'Histoire des Sciences*, 13, 1960, 287-308.
5. Cf. John I. Greenberg, *The Problem of the Earth's Shape from Newton to Clairaut*, Cambridge, Cambridge University Press, 1995.

paralelamente aos trabalhos que Euler, discípulo dos irmãos Bernoulli, efetuava inicialmente em Basiléia, depois em São Petersburgo e em Berlim.

D'Alembert recebera, no Collège des Quatre-Nations, alguns rudimentos de formação matemática. Varignon havia, a partir de 1688, ensinado naquela instituição, e seus cursos tinham sido publicados em 1731 sob o título *Elementos de matemática*. Eles comportavam "elementos de geometria" (divididos em "geometria especulativa" – isto é, teórica, que tratava das linhas, das superfícies, das propriedades dos corpos sólidos – e em "geometria prática" – relativa à medida das superfícies e dos volumes), "elementos de álgebra e de aritmética" (organizados segundo as "operações elementares, proporções, frações, raízes, equações"), bem como elementos de trigonometria esférica. D'Alembert seguiu, provavelmente, um ensino semelhante, mas aprendeu a geometria e a análise sobretudo nos livros. A física ensinada naquele colégio era menos avançada: permanecia especulativa, e com certeza seu ensino não comportava nenhuma iniciação experimental. Era, no máximo, cartesiana (ensinava-se a teoria dos turbilhões), e ignorava Newton.

Os discípulos de Malebranche tinham se limitado a assimilar e difundir a análise pura e suas aplicações imediatas que diziam respeito à cinemática, na linha de Galileu, Descartes, Leibniz e dos irmãos Bernoulli, sem esquecer o cálculo de fluxões de Newton.

A física newtoniana

Mas a física newtoniana (suas leis do movimento, sua teoria da atração gravitacional, sua explicação das leis planetárias ou "sistema do mundo" e sua teoria da luz e da óptica) chegou à França e, de maneira mais geral, a todo o continente europeu, por um canal diferente do cartesiano. Isso é compreensível quando se considera que os *Principia* de Newton (*Princípios matemáticos da filosofia natural*) inseriam-se numa linha de oposição aos *Principes* (*Princípios da filosofia*) de Descartes (apesar de sua evidente filiação) e que a teoria dos turbilhões deste último foi o primeiro alvo – e vítima – da teoria newtoniana da atração.

Maupertuis, Clairaut e o próprio Voltaire[6] tinham sido os principais artesãos da penetração, na França, das concepções e teorias newtonianas, contidas nos *Principia* (1687) e na *Óptica* (1704). A Academia de Ciências de Paris tinha organizado uma dupla expedição a fim de medir um arco de meridiano terrestre no Peru, na linha do equador (com La Condamine e Bouguer), e na Lapônia, perto do círculo polar (com Maupertuis e Clairaut), a fim de verificar a predição, pela teoria newtoniana da gravitação, da forma da Terra como um esferóide achatado (contra a concepção de Jacques Cassini, diretor do Observatório de Paris).

Tendo partido em 1736, Maupertuis e Clairaut retornaram a Paris em 1737, publicando seu resultado sem esperar a volta dos outros colegas, que tinham embarcado um ano antes e que só voltariam à França, depois de dramáticas peripécias, ao final de quase dez anos, Bouguer em 1743 e La Condamine em 1744.[7]

---

6. Voltaire publicara em 1734 suas *Cartas inglesas* e em 1738 seus *Elementos da filosofia de Newton*. A primeira tradução francesa dos *Principia* de Newton, feita pela marquesa de Châtelet, com o auxílio de Clairaut, concluída em 1749, foi publicada entre 1756 e 1759.

7. Charles de La Condamine, naturalista e geógrafo, era amigo de Voltaire, e foi em seguida um dos protagonistas dos debates sobre a inoculação; Pierre Bouguer, matemático e astrônomo, ficou conhecido por seus trabalhos em geodesia. A expedição, dirigida inicialmente pelo matemático Louis Godin, contava também com o naturalista Joseph de Jussieu, membro da Academia de Ciências, como os outros três primeiros cientistas. Godin e Jussieu tiveram um destino trágico.

Os newtonianos tinham a partir de então toda a legitimidade no continente. Clairaut e Maupertuis estavam bem posicionados na França, e a "filosofia natural" de Newton já estava amplamente difundida junto ao público. Tal resultado não fora obtido sem dificuldades: os colégios, as universidades e as academias, que tinham rejeitado a filosofia de Descartes quando este ainda vivia, tinham-na erigido em dogma após sua morte tomando-a como bandeira de sua oposição à física newtoniana. Em sua contribuição ao verbete "Cartesianismo" da *Enciclopédia* (1752, volume 2), d'Alembert deixou um testemunho de como o newtonianismo, adotado tão tardiamente na França, imperava desde então:

> É apenas nos últimos dezoito anos que se têm formado newtonianos na França; mas esse mal (pois para alguns trata-se de um mal) impôs-se prodigiosamente; todas as nossas academias são agora newtonianas, e alguns professores da Universidade de Paris ensinam hoje abertamente a filosofia inglesa.

No colégio, d'Alembert iniciara seus estudos de matemática e tirara proveito da biblioteca, absorvendo tanto os ensinamentos de grandes autores como Descartes e Fermat como lendo obras menos consideráveis mas mais recentes. Aos dezenove anos, pouco depois de sair da instituição, redigiu uma análise crítica de um dos manuais consultados. O manuscrito, intitulado "Observações e esclarecimentos sobre diversos pontos da *Aplicação da Álgebra à Geometria*, do sr. Guisnée" (obra publicada em 1705 e reeditada em 1733), mostra que ele já estava completamente familiarizado com a análise. Também havia lido a *Análise dos infinitamente pequenos* do marquês de l'Hôpital e a *Análise demonstrada* de Reyneau (publicada em 1708, reeditada com acréscimos por Varignon em 1736-38).

O "Elogio a Bernoulli", escrito por d'Alembert em 1748[8], testemunha a influência que teve sobre sua própria formação intelectual, bem como sobre a de muitos cientistas da época, ainda que não o tenha conhecido diretamente, o matemático Jean Bernoulli, da cidade de Basiléia (cartesiano e malebranchista, que acabava de morrer nesse mesmo ano):

> Eu só conhecia Bernoulli por suas obras; devo a ele quase inteiramente o pequeno progresso que fiz em geometria.

Declaração especialmente preciosa quando se observa que muitos dos problemas de análise ou de mecânica, abordados por d'Alembert no início de sua carreira (especialmente no *Tratado de dinâmica*), inspiram-se, para métodos diferentes, nas pesquisas de Jean Bernoulli.

D'Alembert pôde ler, por volta de 1739, os primeiros volumes de uma reedição publicada em Genebra dos *Principia* de Newton, preparada pelos reverendos Le Seur e Jaquier.[9] Leu também o *Tratado das fluxões* de Mac Laurin logo após sua publicação em 1742, assimilando-o muito depressa, posto que o cita em seu *Tratado de dinâmica* de 1743 (p. 37). Na Academia, ele também tomou conhecimento dos trabalhos

---

8. Não se tratava de um elogio acadêmico, mas de um artigo publicado no *Mercure de France*, em março de 1748, pouco depois da morte do matemático, com o título "Mémoire historique sur la vie et les ouvrages de M. Jean Bernoulli" (ver D'Alembert, *Œuvres*, 1821, vol. 3, p. 338-60).

9. Em quatro tomos, publicados de 1739 a 1744. Essa edição em latim, reimpressa diversas vezes, foi a mais difundida no decorrer de todo o século XVIII. Continha importantes notas de rodapé, nas quais os raciocínios geométricos de Newton, bem como seu emprego, mais raro, das fluxões, encontravam-se freqüentemente transcritos no simbolismo leibniziano do cálculo diferencial e integral. Existe um manuscrito atribuído a d'Alembert, que data dessa época, intitulado "Observações sobre alguns pontos dos princípios de Newton".

dos mais velhos, como Dortous de Mairan, Maupertuis, Clairaut e Fontaine.

Pesquisas sobre o cálculo e suas aplicações

Depois de uma primeira dissertação datada de 1739 (uma crítica de alguns erros encontrados na obra de Reyneau, *A análise demonstrada*), d'Alembert encaminhou à Academia de Ciências, em 1741, dois trabalhos mais substanciais sobre o cálculo integral: *Pesquisas sobre a integração de frações racionais* e *Sobre a integração de equações diferenciais*. Com isso se inaugurava uma rica série de pesquisas em análise, estendendo-se ao longo de anos, dedicadas ao estudo das equações algébricas e das equações diferenciais de diversas ordens, propondo novos métodos de integração e abrindo perspectivas totalmente novas, tais como o desenvolvimento de um novo ramo do cálculo, as equações com derivadas parciais, em conexão com o problema das cordas vibrantes, e a renovação da teoria das funções. D'Alembert publicaria os resultados dessas pesquisas nas memórias da Academia de Ciências de Paris (em 1745, 1767 e 1768), nas da Academia de Berlim (1746, 1748, 1750 e, no caso das cordas vibrantes, em 1747 e 1750), em seguida nos nove volumes (oito deles publicados) de seus *Opúsculos matemáticos*. Publicou além disso diversos trabalhos sobre seus debates com Lagrange nas memórias da Academia de Ciências de Turim, em 1765 e 1769.

As duas primeiras dissertações sobre o cálculo integral chamaram a atenção de Dortous de Mairan e de Clairaut, e lhe valeram o ingresso na Academia de Ciências como astrônomo assistente; tinha então 24 anos. Clairaut, jovem gênio ainda mais precoce, havia ingressado na Academia em 1731, aos dezoito anos.

As pesquisas em matemática pura foram logo acompanhadas de dissertações sobre mecânica, hidrodinâmica e astronomia. A partir de 1741, d'Alembert apresentou à Academia de Paris três dissertações sobre o movimento dos corpos sólidos nos fluidos (1741 e 1742) e compôs logo a seguir seu *Tratado de dinâmica*, lido em 1742 na Academia e publicado em 1743. Um *Tratado do equilíbrio e do movimento dos fluidos*, apresentado como uma aplicação do precedente, seguiu-se imediatamente, sendo publicado em 1744. Em 1745 ele apresentou seu primeiro trabalho sobre o problema dos três corpos, seguido algum tempo depois por outras dissertações e obras importantes nas quais ele propunha métodos originais para a resolução desse problema, que lhe permitiram encontrar a explicação da irregularidade dos movimentos da Terra (precessão e nutação) bem como da Lua.

Voltaremos mais adiante a essas pesquisas "físico-matemáticas", marcadas pela aplicação da nova análise. Por enquanto, vamos nos concentrar apenas nos aspectos que dizem respeito à matemática propriamente dita, tendo sempre em vista que, para d'Alembert, a matemática pura e as ciências físico-matemáticas eram indissociáveis. Com muita freqüência, foram os problemas colocados pela física e pela astronomia que o levaram a inovações importantes em análise.

Os trabalhos publicados, especialmente os *Opúsculos matemáticos*, completam e prolongam as obras precedentes, quando não vêm abordar problemas ou campos novos. D'Alembert trata neles de inúmeras questões de mecânica, hidrodinâmica, astronomia e óptica, utilizando todos os recursos da análise, continuando a pavimentar o caminho da matematização da física, ao mesmo tempo que formula e demonstra numerosos resultados matemáticos.

5
O estilo matemático da *Análise*

As primeiras contribuições de d'Alembert em matemática trataram dos problemas de integração de sistemas de equações diferenciais.

D'Alembert forneceu a solução de diversos sistemas de equações que aparecem nos problemas de integração de funções racionais (funções expressas sob forma de quociente de polinômios), e estudou as condições de integrabilidade das equações diferenciais lineares. Interessava-se pelas resoluções de equações – em sua opinião, o objeto por excelência da álgebra –, empregando muitas vezes métodos de aproximação, seguindo o caminho aberto por Newton; mas se preocupava também em discutir as condições de existência e o número de soluções. Retornava constantemente a esses problemas, manifestando uma inventividade excepcional em suas contribuições fundamentais em álgebra e análise, e descreveu o estado da teoria das equações em sua época em diversos verbetes da *Enciclopédia* ("Equação", "Aproximação", "Caso irredutível", "Construção").

Um de seus resultados mais importantes relaciona-se ao estudo das equações algébricas (expressas por polinômios da variável). Em 1746 d'Alembert forneceu a primeira demonstração (nas Memórias da Academia de Berlim) do "teorema fundamental da álgebra", segundo o qual uma equação algébrica de grau *n* admite *n* raízes reais ou imaginárias. Essa propriedade tinha sido enunciada antes dele, em 1605, por P. Roth, depois por outros – Girard, Descartes e Newton –, como uma constatação para os graus mais baixos ou como uma conjetura para os outros, mas jamais havia sido demonstrada.

O teorema fundamental da álgebra

Em sua demonstração, d'Alembert utilizou a análise de maneira muito original. Começou por estabelecer, utilizando resultados sobre os desenvolvimentos em série, que toda equação algébrica de grau *n* (da forma $P = x^n + px^{n-1} + qx^{n-2} + ... + r = 0$) possui pelo menos uma raiz, real ou imaginária, que pode ser escrita assim: $A = a + b\sqrt{-1}$, sendo *a* e *b* números reais.[1] Com isso obteve, ao mesmo tempo, a unificação dos números imaginários, reduzidos a uma só forma e à raiz de –1, e até mesmo sua unificação com os números reais por meio da noção ampliada de números complexos, da forma *A*.[2]

Sendo o polinômio *P* divisível por $(x - A)$, seu quociente por esse fator fornece outro polinômio, de grau inferior em uma unidade ($P = (x - A) P'$), com ($P' = x^{n-1} + p'x^{n-2} + ... + r'$). Este último polinômio (P') possui, também, pelo

---

1. Os números reais são os números positivos ou negativos, racionais (inteiros ou fracionários) ou irracionais. Os números imaginários apareceram inicialmente como raízes "impossíveis" (isto é, não reais) das equações algébricas: por exemplo, os números cujo quadrado seria negativo. $\sqrt{-1}$ e $-\sqrt{-1}$ fazem parte desses números.
2. Os números reais *a* são um caso particular de número complexo *A* para $b = 0$; do mesmo modo, os imaginários puros, $b\sqrt{-1}$ são um caso particular de número complexo *A* para $a = 0$. Essa forma sugere uma representação gráfica segundo dois eixos de coordenadas (mas d'Alembert não a efetuou). Essas duas propriedades estão implicitamente contidas no resultado de d'Alembert.

menos uma raiz, B, e é possível repetir o mesmo raciocínio, concluindo, ao final, que uma equação de um grau qualquer representa de fato tantas equações particulares quantas são as unidades de seu grau; em outras palavras, que todo polinômio de grau n é divisível de uma única maneira por n polinômios de grau 1 ($P = (x - A)(x - B)$ $(x - C)$..., com n fatores no total). Daí a conclusão (P tem n raízes) apresentada com razão pelo descobridor como uma "propriedade fundamental da álgebra e até mesmo do cálculo integral".[3]

Nas *Memórias* de 1746, d'Alembert demonstrou que as raízes complexas de uma equação agrupam-se em pares conjugados[4], do que se segue que uma equação de grau ímpar admite pelo menos uma raiz real.

As equações com derivadas parciais

Outra contribuição das mais marcantes de d'Alembert diz respeito às equações com derivadas parciais, cuja teoria ele foi o primeiro a desenvolver, examinando de maneira sistemática as características de tais equações e formulando suas condições de integração. As equações diferenciais consideradas até então eram função de uma única variável independente (por exemplo, uma das coordenadas de um ponto, x; ou ainda, o tempo, t, sendo x, então, função de t).[5] Mas alguns problemas podiam comportar

---

3. Depois de d'Alembert, Euler, em 1751, seguido de Gauss, em 1799, propuseram-se a melhorar a demonstração, ainda que partindo do mesmo ponto que d'Alembert: que toda equação algébrica possui pelo menos uma raiz real ou imaginária. Uma demonstração mais formal foi dada posteriormente por Cauchy.
4. Isto é, que se $a + b\sqrt{-1}$ é uma raiz, então $a - b\sqrt{-1}$ também é uma raiz.
5. A derivada de uma função num ponto exprime a variação (aumento ou diminuição) da função nesse ponto. Seja $y = f(x)$, a função de uma variável (x) representativa de uma curva no plano (x, y). A uma variação Δx da variável x corresponde uma variação Δy da função y: $\Delta y = f(x + \Delta x) - f(x)$.

diversas variáveis independentes: por exemplo, uma corda submetida à gravidade em cada um de seus pontos, fixa em uma extremidade (ou nas duas), oscilando, faz intervir uma abscissa, x (segundo a vertical), uma ordenada ou amplitude de vibração, y, e o tempo t. A amplitude da oscilação, y, é função das duas variáveis x e t, independentes.

Taylor propusera anteriormente (em 1717) a equação de um movimento *mecânico*, mas sem estudá-lo como tal nem encontrar uma solução. Por outro lado, Euler chegara, em 1734, a certo número de resultados *geométricos* fundamentais para as *famílias de curvas* (curvas cuja equação é a mesma, a menos de um parâmetro), fazendo variar o parâmetro como se faz para a variável, considerando, portanto, sua diferencial. Mais recentemente, Fontaine havia igualmente estudado as funções de diversas variáveis e suas diferenças parciais, do ponto de vista puramente *matemático*.

O próprio d'Alembert tinha abordado o problema *mecânico* das cordas vibrantes (fios pesados animados por vibrações) em seu *Tratado de dinâmica* de 1743, e tinha estabelecido sua equação em termos de diferenciais parciais

---

Se fizermos Δx tender a 0, a relação $\dfrac{\Delta y}{\Delta x} = \dfrac{f(x+\Delta x)-f(x)}{\Delta x}$ tenderá a um limite que é a derivada da função no ponto x. Ela é escrita assim: $y' = f'(x)$. Em notação diferencial, $y' = f'(x) = \dfrac{dy}{dx}$, ou $dy = f'(x)dx$ (sendo dx e dy, respectivamente, as diferenciais da variável x e da função y). A derivada no ponto de coordenadas (x, y) dá a inclinação da tangente da curva nesse ponto. Uma equação diferencial é uma equação entre os elementos diferenciais (dx, dy, etc.). A integração de uma equação diferencial consiste em encontrar a função y a partir da equação diferencial em dy. As equações em dx e dy são de primeira ordem. É possível diferenciá-las, por sua vez (escreve-se dx^2 pela variável, d^2y, pela função), obtendo equações diferenciais da segunda ordem, e assim por diante.

para as variáveis independentes[6], utilizando um resultado de Euler (a relação para que a diferencial da função das duas variáveis seja uma diferença total exata[7]), mas sem poder resolvê-la (ele ainda não dispunha dos meios *matemáticos* para isso).

De maneira geral, as equações com derivadas parciais ainda não tinham sido nem resolvidas nem consideradas sistematicamente como um *objeto próprio da análise.*

Tendo sido levado a elas por causa de problemas da física (movimentos do fluido atmosférico e das cordas vibrantes), d'Alembert fez dessas equações, precisamente, um objeto matemático específico, que investigou em toda a sua generalidade, utilizando-o ao mesmo tempo para renovar o estudo desses problemas físicos. Fez isso desde sua obra sobre os ventos de 1746[8], depois em sua dissertação sobre as cordas vibrantes de 1747, na qual chegou a integrar a equação, fornecendo sua solução geral; a equação de diferenças parciais de segunda ordem em *x* e *t* tem como solução uma soma de duas funções arbitrárias das

---

6. Uma função de diversas variáveis independentes ($z = f(x, y)$, por exemplo) pode ser derivada independentemente em relação a cada uma das variáveis, permanecendo a outra fixa: obtêm-se assim derivadas parciais da função ($z'_x = f'_x(x, y) = \frac{\partial z}{\partial x}$, $z'_y = f'_y(x, y) = \frac{\partial z}{\partial y}$) (na notação moderna, utilizam-se "∂" arredondados em vez de "d" retos, a fim de estabelecer uma distinção entre uma diferencial parcial e uma diferencial ordinária). A diferencial total da função *z* (para as duas variáveis) é: $dz = \frac{\partial z}{\partial x} dx + \frac{\partial z}{\partial y} dy$.

7. *Tratado de dinâmica*, primeira edição, p. 117. A relação de Euler para que $pdx + qdy$ seja uma diferencial "completa" (isto é, total exata) é que $\frac{\partial p}{\partial y} = \frac{\partial q}{\partial x}$. (No exemplo precedente, com $p = \frac{\partial z}{\partial x}$, $q = \frac{\partial z}{\partial y}$, a condição resulta em: $\frac{\partial^2 z}{\partial x \partial y} = \frac{\partial^2 z}{\partial y \partial x}$).

8. Ver o capítulo 7.

variáveis, determinadas em parte pelas condições dos limites (amplitudes nas extremidades das cordas) – este primeiro exemplo de uma equação de onda com solução geral faz de d'Alembert, segundo uma observação de Louis de Broglie, o fundador da física matemática.[9] Era, de fato, um ramo totalmente novo da análise que assim se abria: o das equações com derivadas parciais.

As conseqüências disso para a física futura seriam consideráveis. De fato, a resolução da equação das cordas vibrantes permitia o estudo da propagação de oscilações em meio contínuo; de maneira geral, a maioria das funções empregadas em física depende de diversas variáveis, e as equações com derivadas parciais permitiam matematizar a física dos meios contínuos tão bem como a dos campos definidos sobre o *continuum* espacial.

D'Alembert foi ainda o primeiro a dar exemplo disso, pela aplicação sistemática que fez dessas descobertas aos problemas da hidrodinâmica, desde suas *Reflexões sobre a causa geral dos ventos*, de 1746 (tratado de análise pura, mais do que de física, mas que constitui a primeira aplicação sistemática e coerente das equações diferenciais parciais na física dos meios contínuos), e em seguida em seu *Ensaio de uma nova teoria da resistência dos fluidos*, de 1749-52, pelo qual estabeleceu uma primeira forma da teoria analítica da hidrodinâmica (ver capítulo 7). O novo ramo do cálculo passou a ser, desde então, o instrumento e a linguagem da física teórica e matemática.

---

9. Em homenagem a esse resultado, a seguinte forma diferencial recebeu o nome de operador d'alembertiano: $\Box = \dfrac{\partial^2}{\partial x^2} + \dfrac{\partial^2}{\partial y^2} + \dfrac{\partial^2}{\partial z^2} - \dfrac{1}{c^2}\dfrac{\partial^2}{\partial t^2}$
(a amplitude de vibração é considerada de acordo com as três dimensões espaciais em vez de apenas uma).

A teoria das funções

Ao introduzir funções arbitrárias[10] na resolução das equações diferenciais, d'Alembert situa-se na origem de importantes progressos na teoria das funções. O conceito de função, que tem sua origem na geometria analítica de Descartes e de Fermat (a ordenada expressa em função de uma abscissa constituía uma definição geométrica), e que foi em seguida explicitado por Leibniz, só poderia adquirir seu aspecto analítico através do cálculo infinitesimal. Jean Bernoulli, em 1718, havia definido a função como uma "quantidade composta, de uma maneira qualquer, de uma grandeza variável e de constantes"; ele a designava pelo sinal fx, sendo que a notação $f(x)$ utilizada hoje em dia foi adotada posteriormente por Euler e Clairaut.

As funções, às quais Euler tentou dar uma primeira classificação de acordo com sua natureza e suas propriedades, e que dependiam das fórmulas matemáticas que as definiam, ainda eram concebidas de forma muito restritiva. A teoria experimentou uma ampliação graças às funções arbitrárias introduzidas por d'Alembert como soluções da equação das cordas vibrantes. Essas funções deviam ser ímpares, contínuas, periódicas e definidas em toda parte, mesmo fora do intervalo físico considerado; isso acarretava, entretanto, outra limitação da teoria, pois, na prática, poucas condições iniciais correspondiam a tais exigências. Essas restrições foram criticadas por Euler, que propôs, em 1749, ampliar as condições aos limites, e considerar todas as funções que fosse possível definir por uma curva traçada ao acaso. O debate e as controvérsias que se instauraram entre Euler, d'Alembert, Daniel Bernoulli e depois

---

10. Isto é, que podiam ser funções quaisquer da variável, sem estarem necessariamente ligadas à forma de uma curva conhecida.

Lagrange, foram fecundos e favoreceram o desenvolvimento desse novo campo da análise, ativamente desbravado por d'Alembert, Euler e Lagrange, em primeiro lugar para as equações diferenciais parciais, tanto as de primeira quanto as de segunda ordem.[11]

Seqüências e séries

Outro capítulo das pesquisas matemáticas de d'Alembert é o das seqüências e séries.[12] A noção de seqüência surgiu no século XVII, com a pesquisa sobre as leis de aumento e diminuição das figuras planas e dos sólidos infinitamente pequenos, cujas superfícies e volumes são considerados por aproximação como formados. O estudo da medida desses objetos geométricos, como lembrou d'Alembert na parte consagrada à história da matemática de seu verbete "Geometria", "reduzia-se a conhecer a soma de uma série ou seqüência infinita de quantidades crescentes ou decrescentes", que constituía o objeto da "aritmética

---

11. A teoria só chegaria a seu acabamento no início do século XIX, com as definições rigorosas das noções de função e de série trigonométrica, confirmando uma sugestão feita por Daniel Bernoulli de definir as funções gerais, invocadas por Euler, por séries trigonométricas. Lagrange, em particular, deveria retomar o trabalho de codificação dos métodos com sua *Teoria das funções analíticas* (1808), que introduziu a noção de função derivada e sistematizou a representação de uma função por seu desenvolvimento em série. A conclusão de tais pesquisas, do ponto de vista formal, só seria obtida mais tarde, com a teoria da análise desenvolvida por Gauss, Cauchy, Riemann, Weierstrass.

12. Chama-se seqüência uma sucessão infinita de números da qual cada termo é definido a partir de um termo precedente, de acordo com uma lei, por exemplo: $u_{n+1} = \dfrac{u_n}{n+1}$ (u_n é o termo de ordem n, sendo n a seqüência dos inteiros, indo de 0 ao infinito). (A seqüência dos números inteiros seria definida por: $u_{n+1} = u_n + 1$, com $u_0 = 0$). Uma série é a soma infinita dos termos de uma seqüência ($s = u_0 + u_1 + u_2 + ... + u_n + ...$).

dos infinitos": as séries e as seqüências estavam ligadas ao cálculo infinitesimal.

O d'Alembert utilizou, em suas pesquisas, a noção de série, em especial para formular as soluções de problemas encontrados em astronomia. Alguns desenvolvimentos trigonométricos aos quais ele foi levado para eliminar, nos cálculos de aproximação de sua solução do problema dos "três corpos"[13], quantidades que se tornavam infinitas em durações de tempos elevadas, prenunciam as séries de Fourier. Mas as propriedades das séries e das seqüências interessavam-no também em seus aspectos propriamente matemáticos e conceituais.

O caráter prático da questão explicava, bem como nos outros domínios da matemática na época, por que os problemas formais como os de convergência tinham sido freqüentemente deixados de lado. A própria noção de convergência era imprecisa: às vezes era simplesmente sinônima de "decréscimo em direção a zero" do termo geral da série, algo que se encontra em escritos do próprio d'Alembert (e que é, como se sabe, inexato).[14] Uma série era considerada como uma maneira de representar e interpretar um fenômeno físico, mas não era considerada em si mesma – Cauchy só estudaria as séries divergentes em 1821. Euler ou Lagrange contentavam-se com critérios vagos em relação à convergência e empregavam séries semiconvergentes ou até mesmo divergentes.

D'Alembert estava consciente de tais insuficiências e abordou essas questões em diversos verbetes da *Enciclopédia*: "Seqüência", "Série", "Aproximação". A teoria das seqüências parecia-lhe ainda muito imperfeita, tanto na

---

13. Ver capítulo 8.
14. Uma série infinita é convergente quando tende a um valor finito. Em caso contrário, ela é divergente.

parte analítica (isto é, matemática), quanto na "metafísica" (ou seja, epistemológica).

> Confesso que todos os raciocínios e todos os cálculos fundados em séries que não sejam convergentes, ou que se possa supor que não o sejam, parecer-me-ão sempre muito suspeitos, mesmo quando os resultados desses raciocínios concordem com verdades conhecidas por outros meios.

Essas linhas acompanham, é verdade, a demonstração do critério para a convergência de uma seqüência, conhecido como "critério de d'Alembert".[15] Hoje em dia esse critério é enunciado da seguinte maneira:

> Se, numa série de termos positivos, a relação entre um termo e o precedente é, a partir de certo ponto inferior a um número fixo, menor que a unidade, a série é convergente; se ela é maior do que um, a série é divergente; nos casos em que ela é igual a um, nada se pode concluir.

O enunciado fornece igualmente o valor do limite.[16]

Análises epistemológicas

Detenhamo-nos um pouco em outras reflexões epistemológicas de d'Alembert sobre a matemática. Sua preocupação com uma significação "concreta" das noções dessa ciência (que ele sabia, no entanto, ser resultante de

---

15. Ver capítulo 5 dos *Opúsculos matemáticos*, 25ª dissertação.
16. Cauchy proporia posteriormente um critério correspondente, mais poderoso que o de d'Alembert, mas de aplicação menos cômoda.

uma abstração pelo pensamento[17]) levou-o a interrogar-se sobre o *estatuto* das soluções de equações algébricas diferentes das soluções positivas. Qual era a significação das raízes negativas, sobretudo a das raízes imaginárias? Esse era o problema do grau de realidade dos números negativos e imaginários, diferente, à primeira vista, do dos números positivos. A significação concreta, geométrica, dos números ordinários (positivos), racionais ou irracionais, era evidente em termos de coordenadas, na transcrição algébrica de um problema geométrico. Podia-se, nessa perspectiva, considerar igualmente coordenadas negativas, por mudança de eixos: elas passavam a ser então tão válidas quanto as positivas.

Quanto às coordenadas imaginárias, elas são relativas aos pontos ou regiões por onde a curva não passa. D'Alembert avaliava que as raízes imaginárias fornecem uma informação sobre a natureza do problema, a saber, a ausência de solução (ou a "impossibilidade do problema"). Elas têm, portanto, uma significação positiva, por referência às propriedades de intersecção de curvas e de linhas retas. Essa interpretação dos números, numa concepção da *naturalidade* dos números positivos, justificava portanto, apesar de tudo, a possibilidade de considerar números de natureza *fictícia*[18], e de lhes atribuir um estatuto positivo: ela pertencia diretamente à tradição do pensamento cartesiano, que inventara a qualificação de "imaginários" para esses números, introduzidos durante o século XVI para efeito da resolução da equação de terceiro grau.

A utilização sistemática dos números imaginários pelos matemáticos do século XVIII no estudo de diversas funções (trigonométrica, logarítmica, exponencial) e de

---

17. Ver capítulo 9.
18. Notemos que, para d'Alembert, "fictício" não é equivalente a "construído".

diversos desenvolvimentos em série acarretava, é claro, a necessidade de elucidar sua natureza. Ainda que não admitisse o papel das convenções nas definições dos números e das funções, e visse obstáculos na questão dos logaritmos de números imaginários (contra Euler), d'Alembert fez que a teoria desses números desse um passo importante, ao reduzi-los à forma geral de um número complexo (a ± b $\sqrt{-1}$ (ou $a \pm ib$), pressentindo algo como uma representação geométrica desses números.[19]

É útil indicar aqui que d'Alembert, em seus estudos sobre a dinâmica, foi levado a raciocinar com o auxílio de grandezas que correspondem aos vetores, ao menos sob o ângulo das propriedades de adição.[20] Ele concebia, de fato, uma representação "algébrica" das velocidades, ao designá-las por um símbolo e considerá-las segundo uma direção: vale dizer, por uma grandeza de três dimensões, aditiva algebricamente segundo cada uma das dimensões. Ele escrevia, assim, as composições das velocidades e os equilíbrios de uma maneira que equivale a uma representação vetorial.

Essas elucidações mostram o quanto d'Alembert, ao mesmo tempo que se dedicava a fazer progredir a análise (e a matemática em geral), se preocupava igualmente com o rigor dos fundamentos e com o exame crítico das noções, duas exigências freqüentemente contrárias nos cientistas, o que o tornou pioneiro também nesse assunto. O cálculo

---

19. Essa representação seria estabelecida em particular por Argand, na virada do século XIX. A representação gráfica dos números imaginários faz-se no "plano complexo", em que os números reais são indicados em abscissas e os números imaginários puros (da forma b $\sqrt{-1}$) em ordenadas, segundo a representação vetorial a ± b$\sqrt{-1}$, ou $a \pm ib$ (deve-se a Euler a designação de $\sqrt{-1}$ por i).

20. Os vetores só foram definidos no século XIX, após os trabalhos de Hamilton.

diferencial e integral é o melhor exemplo, tendo sofrido desde sua origem de grandes obscuridades "metafísicas" (presentes em Leibniz, que as discutia com seus correspondentes; elas haviam incitado Berkeley a condenar inequivocamente o cálculo).

Enquanto desenvolvia o cálculo diferencial e integral e lhe inventava uma nova extensão – as equações com derivadas parciais –, d'Alembert foi um dos primeiros a esforçar-se para dar a esse cálculo bases rigorosas. Desenvolveu a noção de limite, bem antes de Cauchy (fornecendo, aliás, a base a partir da qual Cauchy partiria para edificar sua construção formal). Sua preocupação com o rigor e a clareza nas definições levou-o a perguntar-se sobre o significado das quantidades infinitamente pequenas, na perspectiva de eliminar o recurso aos "infinitos metafísicos", dos quais os fundamentos do cálculo estavam até então carregados.

Quando se fala do infinitamente pequeno, observou d'Alembert em seus *Esclarecimentos*, apenas se está empregando uma forma abreviada de expressão: designa-se com um símbolo um complexo de operações abstratas que culminam em uma passagem ao limite, como, por exemplo, na construção de uma tangente. Fala-se de quantidades "infinitamente pequenas" para dar conta do processo abstrato de passagem ao limite, mas essas quantidades, de fato, jamais aparecem, sendo esvaziadas ao se atingir o limite. O limite é, portanto, o conceito fundamental do cálculo diferencial. De certa forma, a justificação das diferenciais introduzidas por Leibniz residia nas fluxões de Newton (que são grandezas finitas). Isto posto, d'Alembert propôs-se a dar uma definição rigorosa do limite, sem apelar para a intervenção da idéia de infinitamente pequeno (da qual as construções elaboradas por Newton ainda dependiam).

[Uma grandeza é chamada] limite de outra quando a segunda pode aproximar-se da primeira ainda mais perto do que de uma grandeza dada, tão pequena quanto seja possível supor, sem que, no entanto, a grandeza que se aproxima possa superar a grandeza da qual ela se aproxima, de modo que a diferença entre uma tal quantidade e seu limite torne-se impossível de assinalar.[21]

O termo (bem como o conceito) "infinitamente pequeno" está ausente desse enunciado, que define a noção de limite recorrendo unicamente a quantidades finitas. Observemos que o caráter "impossível de assinalar" da diferença entre o limite e a quantidade da qual ela é o limite não significa um retorno ao *quantum* variável do infinitamente pequeno: ele é caracterizado pela comparação com um número *arbitrariamente* pequeno (concebível e *finito*), formulado externamente à quantidade considerada como a seu limite. Assim, a definição de d'Alembert representa algo de realmente inovador, e o limite, um conceito positivo.[22]

Probabilidades

As considerações críticas de d'Alembert sobre a teoria matemática das probabilidades e suas aplicações merecem

---

21. Ou seja: l é o limite de x quando $|l - x| < a$, sendo a um número finito, mas arbitrariamente pequeno.
22. Lagrange, mesmo exprimindo certa desconfiança em relação à noção de limite, que não considerava ainda definida com suficiente rigor, perseguia explicitamente o mesmo programa que d'Alembert, como se vê pelo próprio subtítulo de sua *Teoria das funções analíticas* (1797): "contendo os princípios do cálculo diferencial, isentos de toda e qualquer consideração de infinitamente pequenos ou de evanescentes, de limites ou de fluxões, e reduzidos à análise algébrica de quantidades finitas". Para evitar o recurso aos limites, ele se basearia nos desenvolvimentos em série.

bem mais que uma simples evocação, ainda que ele não tenha contribuído diretamente para o progresso desse ramo da matemática, nascido no século XVII das reflexões de Fermat e de Pascal, e que conheceria férteis desenvolvimentos durante os séculos XIX e XX. O conjunto de seus textos sobre o tema, dispersos em vários tomos dos *Opúsculos matemáticos*, sem contar os numerosos verbetes da *Enciclopédia*, seria suficiente para preencher todo um volume.

O exame dessas contribuições revela que sua posição sobre o assunto é muito mais complexa e importante, pela natureza de suas observações, do que os julgamentos negativos e simplificadores que muitos fizeram sobre ela. O cálculo das probabilidades era então um campo ainda muito novo, uma ciência em via de constituição, com definições freqüentemente ambíguas e princípios incertos, ao mesmo tempo que era objeto de aplicações em domínios bastante diversos (jogos, seguros, inoculação, apostas, decisões morais, e também na repetição de fatos físicos em relação, ou não, a causas), em condições muitas vezes problemáticas.

A prudência e o olhar crítico de d'Alembert para com as idéias preconcebidas de sua época sobre tais matérias devem hoje ser apreciados levando em conta esse contexto, e não julgados de acordo com uma concepção conclusiva e triunfante, acrítica e a-histórica dessa ciência. A teoria encontrava-se ainda balbuciante e suas interpretações eram no mais das vezes equívocas; a origem das objeções de d'Alembert se encontra em geral na ausência de rigor do pensamento relativo às aplicações, quer físicas (caráter arbitrário da eqüiprobabilidade), quer sociais (ambigüidades da significação da esperança matemática). Vamos nos contentar aqui apenas em indicar que essas objeções originaram os trabalhos que seus dois discípulos, Condorcet e Laplace, empreenderam nesse campo. Esses trabalhos fizeram que a teoria das probabilidades passasse por um avanço considerável, tanto no campo das aplicações a problemas da sociedade (caso dos trabalhos de Condorcet), como no da matemática (caso dos trabalhos de Laplace).

6
O princípio unificador da dinâmica

O *Tratado de dinâmica* (1743), primeira grande obra de d'Alembert, organiza-se em torno de um "princípio geral para encontrar o movimento de diversos corpos que agem uns sobre os outros, de uma maneira qualquer", conhecido como "*princípio de d'Alembert*". Trata-se, na verdade, de um teorema, demonstrado a partir das leis gerais do movimento, igualmente conhecido como "teorema da dinâmica".

O problema da dinâmica, ou a causalidade física sem as causas metafísicas

O *Tratado* constitui-se de duas partes. A demonstração do "princípio geral" encontra-se no início da segunda parte, seguida de aplicações. A primeira parte tem caráter preparatório e está consagrada a importantes desenvolvimentos relativos às "*leis gerais do equilíbrio e do movimento dos corpos*", que fornecem uma apresentação e uma discussão sistemática das grandezas utilizadas em dinâmica e das leis que essas grandezas servem para exprimir; d'Alembert propunha-se a reduzir essas leis ao "menor número possível", a saber, às três leis do movimento, retomadas de Newton e seus predecessores, e "demonstrá-las [...] de uma maneira nova".

Essas leis são a lei da inércia, a do "movimento composto" e a do equilíbrio: d'Alembert fazia questão de lhes dar uma formulação exclusiva em termos de grandezas relativas ao movimento, esforçando-se para evitar recorrer à noção de força, que lhe parecia obscura e "metafísica". É por isso que seu enunciado das leis do movimento difere do de Newton nas duas leis que fazem intervir forças: ele fala de composição *dos movimentos* ao passo que Newton falava de composição *de forças*, e de *equilíbrio* quando Newton falava de *ação e reação*. O conceito de força intervém apenas como "*força aceleradora*", definida pelo produto da massa pela aceleração (a derivada da velocidade), que manifesta a mudança de movimento (em relação ao estado inicial de movimento retilíneo e uniforme segundo a lei da inércia) causada por uma ação experimentada pelo corpo sob influência de outros corpos materiais (por choque, atração, etc.). A força aceleradora exprimia o *efeito* da mudança de movimento constatado, ao passo que a força propriamente dita representaria plausivelmente a *causa* (segundo as definições de Newton nos *Principia*).

A dinâmica, no sentido de d'Alembert, podia assim deixar de lado os aspectos "metafísicos" geralmente associados às questões da causalidade, qualificando ao mesmo tempo, de maneira precisa, o que era a *causa física* na medida em que esta afeta o movimento. É em d'Alembert, de fato, que se encontra a primeira expressão precisa daquilo que posteriormente se denominou a "causalidade física", ou causalidade diferencial.[1] Bastava considerar os *efeitos* (as mudanças de quantidade de movimento),

---

1. Ver M. Paty, "L'Élément différentiel de temps et la causalité physique dans la dynamique de Alembert", in Régis Morelon e Ahmad Hasnawi (ed.), *De Zénon d'Elée à Poincaré. Recueil d'études en hommage à Roshdi Rashed*, Louvain Editions Peeters, 2004, p. 391-426.

co-naturais às *causas* que os produziam, em vez dessas próprias causas (remetidas a *forças*, de natureza desconhecida). Essa definição, além do mais, lhe permitia evitar de antemão as críticas que seriam posteriormente dirigidas ao caráter circular das definições de Newton relativas à força, à aceleração e à massa, cada uma delas apelando às outras em sua formulação (ver as observações de Ernst Mach, de Heinrich Hertz e de Henri Poincaré, no final do século XIX).

O problema da dinâmica era encontrar as leis do movimento quando essas mudanças eram dadas, quer se tratasse de contato, de pressões diversas dadas por sujeições ou ligações, ou à atração à distância por gravitação.

Ao relacionar as grandezas da dinâmica ao movimento, isto é, aos efeitos das forças aplicadas expressas em termos dos espaços percorridos em função dos tempos, d'Alembert punha em prática seu "programa" em matéria de conhecimento teórico, que ele exprimia de uma maneira bastante cartesiana: para chegar a qualquer certeza em uma ciência, e especialmente em uma "*parte da matemática*", tal como a dinâmica, é preciso conceber seu objeto "da maneira mais abstrata e mais simples possível", e "nada admitir, nesse objeto, além das propriedades que a própria ciência tratada nele supõe". No que diz respeito às leis do movimento dos corpos, concebidas em sua generalidade, ele estimava poder reduzi-las às três leis fundamentais de Newton, mas apresentadas em termos de princípios, racionalmente justificáveis. Ele reformulou, portanto, nesse sentido, as três leis ou axiomas do movimento de Newton, que figuram no início dos *Principia*, como "princípios do movimento", e mostrou que esses princípios eram suficientes para dar conta das propriedades gerais desse último.

Em suas considerações sobre o movimento, relacionadas ao espaço e ao tempo, d'Alembert introduzia de início o caráter contínuo de ambos e o caráter instantâneo do segundo, o que apelava explicitamente para as grandezas do cálculo diferencial e integral. Isso mostra o progresso realizado desde a redação dos *Principia* de Newton, que tinha criado o tempo instantâneo sem defini-lo explicitamente como tal, e que raciocinava geometricamente, mais do que com a ajuda das grandezas algébricas de diferenças ou de fluxões (embora sua geometria dos limites fosse equivalente à utilização dessas últimas). Esse efeito da assimilação da mecânica newtoniana, após sua junção com o cálculo diferencial e integral leibniziano, constitui a característica mais marcante do estilo físico-matemático de d'Alembert, estilo que, com ligeiras variantes, era o mesmo que o de Euler e de Clairaut: o novo estilo da análise, sem que no entanto se pudesse ainda falar de *física* – ou de *mecânica – analítica* no sentido próprio do termo, que só seria completamente estabelecida a partir de Lagrange – antes de sua obra de 1788 não se concebia a análise sem representações geométricas.

Teorema sobre três princípios

A segunda parte do *Tratado de dinâmica* abre-se com a demonstração do "princípio geral para encontrar o movimento de diversos corpos" – o teorema da dinâmica –, e prossegue pela aplicação desse resultado de validade geral a problemas particulares de movimento que tinham sido até então objeto de métodos de resolução menos diretos e sistemáticos. Por sua demonstração, d'Alembert reduzia quaisquer movimentos de sistemas de corpos sólidos, agindo uns sobre os outros por interação, às três leis fundamentais da mecânica de Newton, ou melhor, aos três princípios do movimento por ele reformulados. Nesse sentido, seu enunciado, ainda que demonstrado, constituía um "princípio" para d'Alembert, isto é, uma proposição nodal, sintética, situada na junção dos três princípios elementares originários dos quais ela decorria. É por isso que d'Alembert acreditava ter boas razões para atribuir o estatuto de *princípio* a um *teorema* que resultava apenas da consideração dos princípios fundadores.

O princípio demonstrado por d'Alembert apresenta ainda uma diferença em relação à mecânica de Newton. As leis enunciadas por este último tratavam de movimentos que podiam ser reduzidos aos movimentos de pontos materiais livres, ou agindo uns sobre os outros por contato, ou segundo a lei de uma força conhecida, por exemplo, a atração gravitacional. Elas se aplicavam também a sistemas de corpos cujas propriedades podiam ser reconstituídas a partir de seus pontos materiais (por exemplo, por integração sobre um volume) ou que podiam ser considerados como equivalentes a outros pontos materiais (por exemplo, a atração entre duas massas esféricas é equivalente – e Newton já o demonstrara – à atração de seus respectivos centros de gravidade, em que as massas estariam concentradas).

Mas os corpos na natureza são em geral mais complexos e, para obter a lei de seu movimento, era preciso considerar hipóteses suplementares, concebidas então independentemente das três leis do movimento, por exemplo, a conservação das forças vivas, utilizada com sucesso por Huygens no caso do pêndulo, e erigida em princípio por Leibniz. Mas tratava-se aí de regras úteis, tornadas intuitivas devido mais à sua repetida eficácia do que à sua demonstração rigorosa. Os estudos sobre o movimento de sistemas de corpos ligados entre si por hastes, fios ou qualquer outra ligação tinham constituído, até a enunciação do princípio de d'Alembert, outros tantos problemas específicos a serem resolvidos caso a caso. A maioria dos problemas de mecânica para sistemas de corpos – especialmente os relativos às alavancas e aos pêndulos compostos – tinham sido resolvidos dessa maneira, notadamente por Jacques e Jean I Bernoulli.

A originalidade do resultado de d'Alembert foi superar a limitação das circunstâncias particulares ao raciocinar sobre os dados mais gerais do problema sem acrescentar nenhuma hipótese aos princípios herdados de Newton (esse foi, de maneira constante, o sentido de sua empreitada nas pesquisas posteriores, como veremos em relação a seus trabalhos de mecânica dos fluidos e astronomia). Não há de duvidar que seu propósito de rigor e de clareza conceitual tenha desempenhado um papel determinante em sua descoberta, que foi provavelmente ocasionada pela reflexão sobre um problema particular com o qual ele estava às voltas, e que lhe deu a idéia de uma propriedade geral, sugerida por uma aproximação com uma situação que se prestava a uma tal generalização (o "pêndulo composto", série de pêndulos simples ligados entre si por hastes rígidas).

O teorema da dinâmica pode ser enunciado da seguinte maneira: os movimentos efetivos (E) dos componentes de um sistema mecânico estão em equilíbrio, de um lado, com o movimento (I) que eles seguiriam naturalmente caso estivessem livres uns em relação aos outros (combinando o movimento de inércia segundo sua impulsão inicial e com o movimento imprimido) e, de outro lado, com o movimento virtual (ou tendência ao movimento, destruída ou anulada quando o sistema se encontra em repouso (R)), que resulta das sujeições. O equilíbrio é representado, na notação aqui adotada – que é nossa e não de d'Alembert –, e que deve ser entendida como vetores de velocidades, da seguinte maneira: $E = I + R$. Desses dois últimos movimentos, um é dado (I), e o outro (R) pode ser determinado pela resolução do problema do equilíbrio estático do sistema. Disso se deduz o movimento efetivamente seguido pelo sistema (E).

Um exemplo simples permite compreender o significado desse enunciado em termos de grandezas que descrevem o movimento, e dos princípios desse último (a formulação de d'Alembert é um pouco mais complicada do que virá a seguir).

Consideremos duas bolas A e B perfeitamente duras, de massas m_A e m_B, ligadas entre si por uma haste rígida L. Sejam v_A e v_B as velocidades que teriam essas bolas se elas estivessem livres (animadas unicamente pelo movimento de inércia, segundo a primeira lei do movimento, ou combinando esse movimento a uma dada impulsão, de acordo com a segunda lei); como a ligação pela haste L modificaria o movimento para conduzir ao movimento efetivamente seguido?

D'Alembert colocava essa questão supondo-a resolvida, como um problema de geometria algébrica cartesiana. Ele a formulava utilizando as relações da segunda e da terceira leis gerais (newtonianas) ou princípios (segundo ele) da mecânica. Sejam v'_A e v'_B as velocidades efetivas resultantes dessa modificação que devem ser determinadas. A lei de composição dos movimentos (segunda lei ou princípio) enuncia que essas velocidades modificadas resultam da destruição de outras velocidades, denotadas v''_A e v''_B, respectivamente em A e B (tem-se para cada corpo: $v' = v + v''$), que se pode interpretar como velocidades virtuais (ou fictícias) de A e de B se o sistema estivesse em repouso. A lei do equilíbrio (terceira lei) fornece uma relação entre essas últimas: $m_A v''_A = m_B v''_B$.

As velocidades v que teriam os corpos caso estivessem livres entre si (v_A e v_B) são dadas, e as *velocidades virtuais* (v''_A e v''_B), graças às interações, podem ser calculadas; tudo não passa de um problema de estática, o do equilíbrio do sistema em repouso. Sua solução acarreta o conhecimento das velocidades v' (v'_A e v'_B) – posto que se tem, geometricamente, em grandeza e "em direção", como precisava d'Alembert, $v'_A = v_A + v''_A$, o que escreveríamos hoje em termos de vetores. A notação de d'Alembert é implicitamente vetorial, *avant la lettre*.

Em suma: d'Alembert decompunha o *movimento* efetivo, a ser determinado, dos corpos que constituem o sistema naquele que eles teriam se estivessem livres, isto é, sem ligação, submetidos, além da inércia, apenas às solicitações exteriores, que se supõem conhecidas, e naquilo que corresponderia ao repouso do sistema – reduzindo-se assim ao caso do equilíbrio. Essa propriedade era geral, aplicável a todo movimento de sistema de corpos em qualquer interação. No estabelecimento de seu teorema, d'Alembert não fazia intervir nada além da consideração do movimento, o que tinha a ver diretamente com suas concepções filosóficas (ver capítulos 9 e 10).

O teorema era evidentemente válido no caso dos sistemas acelerados, para os quais basta substituir as velocidades (v) ou as impulsões ou quantidades de movimentos (mv) pelas mudanças instantâneas correspondentes (que se escrevem, em linguagem diferencial, dv e $d(mv)$). Sua generalidade era, portanto, completa para os corpos sólidos submetidos a forças quaisquer; e permitia relacionar todos os movimentos de sistemas de corpos sólidos aos três princípios fundamentais do movimento – às três leis da mecânica. Dessa maneira, d'Alembert utilizava uma noção um tanto quanto abstrata, a de *movimento virtual*, cuja formulação já se encontrava bem estabelecida (ela datava dos trabalhos em estática de Simon Stevin sobre o equilíbrio das roldanas), mas que combinava bem com seu propósito de considerar as leis da mecânica unicamente em termos de grandezas que descrevem o movimento. As velocidades virtuais exprimem quantitativamente a tendência (contrariada) ao movimento de um corpo num sistema em equilíbrio, e a forma de quantidades diferenciais (infinitesimais) permitia, por assim dizer, sua apreensão intuitiva direta.

Racionalização e unificação

É preciso sublinhar quanto o *Tratado de dinâmica* e as obras de d'Alembert que o seguiram, em mecânica dos fluidos e em astronomia, são inteiramente ordenadas, no que diz respeito aos problemas mecânicos e de gravitação, pela aplicação do cálculo diferencial e integral. Os conceitos e princípios da mecânica, o próprio "teorema da dinâmica" e suas aplicações a variados problemas, impregnados de noções desse cálculo, tornaram-se desde então impensáveis fora de sua formulação pela *análise*. O *Tratado de dinâmica* (em sua primeira edição de 1743, bem como em sua segunda versão, grandemente ampliada, de 1758), e sua continuação, o *Tratado do equilíbrio e do movimento dos fluidos* (1744) – depois os outros, dos quais voltaremos a falar –, manifestam isso claramente. Pode-se, em particular, reconhecer na segunda obra o elo estreito entre a aplicação do cálculo diferencial e a elaboração dos conceitos de uma mecânica dos fluidos ligada, desde então, à dinâmica dos corpos sólidos e por essa razão transformada, também, em objeto de análise.

O teorema ou princípio de d'Alembert unificava os problemas de dinâmica dos corpos sólidos, pensados até então separadamente, e tornava supérfluo qualquer recurso a hipóteses particulares. Ainda que sua aplicação a problemas concretos de sistemas efetivos de corpos em interação fosse delicada, ele continha potencialmente a possibilidade de "formular em equação todos os problemas da dinâmica que é possível imaginar", apoiando-se sobre as condições do equilíbrio, como escreveria mais tarde Lagrange. Esse resultado, em si mesmo, era importante, sobretudo por seu aspecto formal e pelas virtualidades que continha; esse era, precisamente, o objetivo visado por d'Alembert, além de sua utilização relativa a problemas particulares, que ocupa o resto do *Tratado de dinâmica*.

Efetiva no caso dos corpos sólidos, esta espécie de chave da racionalização e da unificação dos problemas relativos ao movimento dos corpos permitia esperar que ela também abriria outros campos dependentes em princípio da mecânica, a saber, o dos movimentos dos fluidos e o da astronomia, mediante os ajustes requeridos pela especificidade de seus objetos, que se ligam à mecânica dos sólidos sem a ela se reduzir. Aliás, a propósito desses problemas, d'Alembert jamais deixou de evocar seu "princípio" fundamental, formulando-o, a cada vez, de uma maneira apropriada à conceitualização desses objetos específicos.

Seu trabalho sempre permaneceu ligado a seu programa de "alargar os limites da mecânica e facilitar sua abordagem" e de estender seus princípios ao mesmo tempo em que os reduzia. Tratava-se sempre de reduzir, sempre que possível, as leis da mecânica dos corpos terrestres tanto quanto dos celestes às três leis originárias fundamentais, "apenas pela consideração do movimento", sem o acréscimo de princípios arbitrários ou de leis empíricas suplementares – com exceção de uma única, a da atração, a lei do inverso do quadrado, diretamente implicada na astronomia. Os três princípios fundadores da ciência do movimento eram, a seus olhos, eminentemente racionais, e não empíricos. Daí seu lugar no início do *Tratado de dinâmica*. D'Alembert os julgava fundados na razão, resultando diretamente da natureza dos corpos; por diversas vezes tentou "demonstrá-los" nesse sentido, não querendo tampouco considerá-los como axiomas, o que os teria tornado arbitrários, em sua opinião.

A demonstração do teorema da conservação das forças vivas, esboçada por d'Alembert no texto de 1743, e completada de maneira geral em sua retomada, em 1758, realizou igualmente o mesmo projeto de racionalização de mecânica. Essa propriedade, que tantas vezes se mostrara útil, reduzira-se, desde então, a uma conseqüência dos três princípios do movimento, e não estava em contradição – como haviam suposto seus partidários (Leibniz em primeiro lugar) – com a conservação da quantidade de movimento (proposta por Descartes). Esse resultado pôs termo, assim, a uma querela que ficou célebre, e que dividira os "geômetras" durante várias décadas (d'Alembert relatou-a em seu "Elogio a Jean Bernoulli" e num acréscimo importante que fez ao "Discurso preliminar", do *Tratado de dinâmica*, na segunda edição de 1758).[2]

O fato de que a física, assim matematizada, seja dedutiva e suscetível de um raciocínio exato, de uma certeza quase matemática, não deve ocultar que se trata de fato de física, e não de um ramo da matemática, pela própria natureza dos problemas e dos conceitos. As primeiras definições do *Tratado de dinâmica* nos situam no mundo físico, e não na geometria, pois nele os corpos são definidos como porções *impenetráveis* do espaço (à diferença de Descartes, e em conformidade com Newton), e que a *impenetrabilidade* era para d'Alembert, como a *atração*, um conceito físico irredutível a qualquer transparência racional *a priori*. (Ele as concebia, ambas, como propriedades dos corpos, ao passo que Newton não considerava a atração dessa maneira.) Pode-se considerar, no entanto, que o programa de d'Alembert, de racionalização da ciência mecânica, cristalizava uma divisão – já encetada antes dele – entre a atividade teórica e a atividade experimental. Em seu caso, essa divisão parece dever-se mais à sua concepção do

---

2. A quantidade de movimento é descrita em $p = mv$, e a força viva, mv^2. A mecânica, desde então, e de maneira mais visível e completa em sua formulação hamiltoniana, admite ao mesmo tempo a conservação do impulso e a da energia (a força viva é uma forma de energia, o dobro da energia cinética $\frac{1}{2}mv^2$). A teoria da relatividade restrita acrescida à dos grupos de transformações reuniu desde então essas leis de conservação em uma única, a do impulso-energia, propriedade (cinemática) do movimento, relacionada à homogeneidade do espaço e do tempo.

que é a teoria física, em sua relação à natureza e ao exercício da razão, do que a uma divisão artificial do trabalho.

Nunca é demais sublinhar a importância da contribuição de d'Alembert para a mecânica – inaugurada por seu *Tratado de dinâmica* – na evolução dessa ciência: de um lado, pela unificação que acabamos de ver da mecânica dos corpos sólidos, seguida de sua extensão à hidrodinâmica, realizada graças à ampliação do cálculo diferencial às equações com derivadas parciais, bem como à astronomia, pelas soluções do "problema dos três corpos"; de outro lado, pela exigência de homogeneidade dos conceitos da mecânica, que anuncia a autonomia dessa ciência e do "*sistema do mundo*" sobre ela fundamentado, que seria plenamente estabelecido mais tarde por Lagrange e Laplace.

O *Tratado de dinâmica* fez que d'Alembert se tornasse justamente célebre e assegurou sua consagração como um dos melhores geômetras de seu tempo. Ele aparecia de imediato como um dos principais continuadores da física de Newton e anunciava a *Mecânica analítica* de Lagrange.[3]

---

3. D'Alembert representa, segundo Louis de Broglie, a principal etapa entre Newton e Lagrange. De fato, Lagrange chegaria mais tarde a levar a cabo a generalização e a racionalização já presentes no princípio de d'Alembert, ao formular as equações gerais do movimento dos corpos. Para isso, ele se baseou no teorema da dinâmica e no princípio dos trabalhos virtuais (utilizando a expressão das forças, coisa que d'Alembert proibia a si mesmo), ao mesmo tempo que punha em prática o método formal do cálculo das variações, extremamente poderoso, que ele aperfeiçoara matematicamente.

7
Movimento dos fluidos e derivadas parciais
Racionalização e unificação da hidrodinâmica

D'Alembert interessou-se muito cedo pelos problemas da mecânica dos fluidos. As duas dissertações que apresentou à Academia de Ciências de Paris em 1740 e em 1741 tratavam da "refração dos corpos sólidos" num fluido, isto é, da modificação do percurso de um corpo proveniente do ar que penetra em um líquido. O termo "refração", utilizado para descrever esse fenômeno, indicava a maneira pela qual era tratado na época: por uma analogia com a refração da luz. Essa analogia, proposta inicialmente por Descartes, tinha sido em seguida transcrita nos termos da teoria corpuscular da luz de Newton, que parecia justificar diretamente tal paralelo: como a luz era constituída de corpúsculos, pensava-se que as leis de sua propagação deviam ser consideradas como um caso particular das leis do movimento dos corpos. Maupertuis e Dortous de Marain tinham realizado pesquisas nesse sentido na Academia de Ciências, nos anos precedentes, e d'Alembert começara as suas seguindo a mesma direção.

É nessa perspectiva que Maupertuis concebeu, em 1744, seu "princípio de ação mínima", que ele pretendia substituir ao princípio de Fermat para a luz, princípio segundo o qual o trajeto da luz ao atravessar vários meios é aquele cujo tempo de percurso é mínimo. Maupertuis transformava essa formulação na seguinte: todos os corpos seguem um percurso para o qual sua "quantidade de ação" é mínima, sendo a "ação" definida por ele como o produto da massa pela velocidade e pelo caminho percorrido.

D'Alembert logo se deu conta de que a analogia não funcionava, e que era preciso reconsiderar o problema hidrodinâmico em sua especificidade, sem lhe estender indevidamente as leis da refração da luz:

> Resulta de minhas demonstrações que nenhuma das leis observadas na refração da luz deve ter lugar na refração dos corpos sólidos e que, portanto, é inapropriado fazer ambas as refrações dependerem dos mesmos princípios.[1]

Temos aqui uma explicação do pouco entusiasmo que d'Alembert mostrou em seguida pelo princípio de ação mínima de Maupertuis, fundado sobre essa falsa analogia, sem contar a justificação finalista, de natureza metafísica, invocada por seu autor, que ele não podia admitir para legitimar um princípio da física. O princípio de ação mínima seria contudo retomado, em razão de seu interesse do ponto de vista formal, por Lagrange, que o utilizaria, em 1761, para desenvolver o cálculo de variações do qual Euler havia lançado as primeiras bases. O próprio d'Alembert atestaria então seu interesse, fazendo observar que o princípio de Fermat e o princípio de ação mínima, úteis cada qual em seu domínio, apresentavam um certo parentesco formal.[2]

D'Alembert prosseguiu portanto o tratamento de seu problema dos sólidos mergulhando em um fluido (duas

---

1. Dissertação apresentada à Academia de Ciências em 1740.
2. A identificação dos dois princípios só seria pensada com a teoria da relatividade restrita. Foi ao realizar isso que Louis de Broglie seria levado, em 1923, a conceber a extensão da dualidade onda-corpúsculo, estabelecida por Einstein em 1916 para a luz, a todo elemento material.

outras contribuições ao assunto seriam oferecidas em 1742) e utilizando apenas noções e propriedades dos corpos materiais sólidos e fluidos, por exemplo, a *relatividade* dos movimentos. Essa propriedade, conhecida desde Galileu, formulada como "princípio de relatividade" muito mais tarde, mas enfatizada por Huygens e utilizada por Newton em suas pesquisas sobre os fluidos, permite considerar, indiferentemente, ou que o sólido penetra no fluido, ou que, ao contrário, é o fluido que escorre em volta do sólido.

Nesse meio tempo ele se voltou para os problemas de corpos sólidos formulando o princípio da dinâmica e desenvolvendo suas análises do *Tratado de dinâmica* de 1743. A penetração dos corpos sólidos nos fluidos ter-lhe-ia sugerido um paralelo com o problema do pêndulo composto, dando-lhe a idéia de seu princípio, pela anulação dos movimentos virtuais correspondentes às ações compensadas em sentidos opostos, equivalentes às ligações no caso dos sólidos.[3]

O princípio da dinâmica orientou desde então sua perspectiva em uma direção que se revelaria fecunda, e que era totalmente original. Por sua generalidade, fornecia-lhe o meio de pensar conjuntamente a dinâmica dos corpos sólidos e a dos fluidos. Em suas obras posteriores sobre os fluidos, astronomia e mecânica celeste, d'Alembert retomaria, a cada vez, a demonstração do princípio numa formulação adaptada ao gênero de situação física a ser considerada, afirmando assim sua universalidade. Em todos esses campos, o princípio da dinâmica seria, de certa maneira, o algoritmo que permitia realizar a unificação da mecânica para os movimentos de todos os corpos materiais.

---

3. Trata-se de uma idéia que desenvolvo, em outro lugar, com Gérard Grimberg.

Princípios para a hidrodinâmica

Tendo praticamente cumprido seu programa no que dizia respeito à mecânica dos corpos sólidos, que consistia em fazer dela "uma ciência certa totalmente matemática", d'Alembert seguiu em direção da mecânica dos fluidos, propondo-se a estender nesse campo o tratamento teórico da mecânica dos sólidos, isto é, a racionalizar essa ciência pela análise. Seu *Tratado do equilíbrio e do movimento dos fluidos*, publicado em 1744, um ano após o *Tratado de dinâmica*, é apresentado como a continuação deste último ("para servir de seqüência ao *Tratado de dinâmica*", indica seu subtítulo).

Seus trabalhos sobre a mecânica dos fluidos são particularmente apropriados para evidenciar a natureza de seu trabalho teórico: retomando um conjunto de problemas colocados antes dele, d'Alembert os tratava com uma preocupação de unificação, considerando suas propriedades comuns mais gerais e apelando para o mínimo possível de hipóteses. Isso era bem menos evidente no caso dos fluidos do que no dos sólidos, dada a ignorância de sua constituição. Os fluidos faziam intervir um número não finito de parâmetros e obrigavam, assim, a recorrer a considerações empíricas e a modelos ou hipóteses específicas.

Eis por que o movimento dos fluidos tinha, até então, sido pensado separadamente do dos sólidos. O mesmo valia para os problemas de equilíbrio dos fluidos, objeto da hidrostática. A mecânica dos fluidos tinha sido pensada de maneira distinta da dos corpos sólidos, tanto em sua parte estática como em sua parte dinâmica, e suas leis eram essencialmente empíricas – desde Arquimedes, que fundara a hidrostática baseando-se em princípios de experiência.

Relacionada à estática por Descartes e Pascal, a hidrostática havia sido desenvolvida por Newton, Huygens, Bouguer, Mac Laurin, e depois por Clairaut, em sua *Teoria da forma da Terra* (1743).⁴ O estudo da hidrodinâmica havia começado com Newton (segunda parte dos *Principia*); Mac Laurin e Jean Bernoulli esforçaram-se para relacioná-la com os princípios da mecânica, mas de maneira ainda insuficiente.⁵ Ela fora objeto de uma importante obra de Daniel Bernoulli, *Hidrodinâmica* (1738), a qual d'Alembert citou abundantemente em seu *Tratado*. Ele não podia, entretanto, satisfazer-se com a abordagem de Bernoulli, na qual os fluidos eram pensados unicamente segundo suas propriedades específicas, independentemente dos corpos sólidos e dos princípios da mecânica, e requeriam hipóteses baseadas em considerações empíricas, mas arbitrárias.

Daniel Bernoulli recorria em grande medida à conservação das forças vivas, que ainda era hipotética antes de ter sido relacionada às leis fundamentais da mecânica. Além disso, julgando necessário dispor de uma representação da constituição dos fluidos, ele defendia a hipótese cinética, segundo a qual as partículas de fluido estavam animadas de um movimento interno, irregular e permanente, ao contrário da hipótese estática formulada por Newton. D'Alembert (mesmo notando que as observações ao microscópio de Musschenbrœk pareciam favorecer a hipótese estática, já que as partículas em suspensão na água deveriam ser postas em movimento pelas partículas de fluido, se estas se movessem⁶) preferia não tomar partido em relação a esse

---

4. Em 1755, Euler formularia as equações com derivadas parciais que relacionam a pressão e as forças aceleradoras; mas isso ocorreria após o trabalho pioneiro de d'Alembert datado de 1749, no qual ele se inspirou para suas pesquisas.
5. Em obras publicadas respectivamente em 1742 e 1743 (sendo a última póstuma).
6. Ver seus verbetes "Fluido", "Fluidez". A observação é no fundo justa, e o movimento browniano seria evidenciado no século XIX, confirmando a hipótese de Daniel Bernoulli.

ponto: "a causa da fluidez ainda é desconhecida", avaliava, contentando-se em definir um fluido como "um corpo composto de partículas muito pequenas, separadas, e capazes de se mover livremente".

D'Alembert propunha fundamentar a hidrodinâmica sobre os mesmos princípios que a dinâmica; ele foi parcialmente bem-sucedido nesse programa, generalizando a aplicação de seu teorema da dinâmica para o caso dos fluidos, e exprimiu – tendo sido o primeiro a fazê-lo – as leis do movimento dos fluidos por equações analíticas. Guiado pela mesma preocupação com a unificação e a generalização de sua obra precedente, queria lançar mão do menor número possível de hipóteses suplementares. No entanto, não podia evitar o recurso a um modelo particular, aproximativo e de aplicação relativamente limitada, o modelo das "fatias", que fora formulado por Daniel Bernoulli. Visto que, no escoamento de um fluido contido em um tubo vertical, uma fatia horizontal do fluido toma o lugar daquela que a precede, supunha-se que a velocidade das partículas contidas em cada fatia era a mesma, dirigida verticalmente e em razão inversa da dimensão da fatia.

Bernoulli aplicava às fatias de fluido em sucessão a conservação das forças vivas. D'Alembert aplicou a elas seu princípio, ou melhor, um princípio análogo ao que tinha estabelecido para os sólidos; no caso em que as fatias se sucedem com regularidade, animadas por uma velocidade uniforme, era possível considerar que os movimentos internos, devidos às ligações, eram mutuamente compensados, o que reduzia o problema ao caso do equilíbrio. Essa generalização de seu teorema da dinâmica dava-lhe condições de estudar numerosos problemas sobre o movimento dos fluidos em recipientes, em especial a resistência que os fluidos opunham ao movimento dos sólidos, problema que retomou em seguida.

Mas as aproximações requeridas sobre o paralelismo das fatias e a direção da velocidade restringiam o alcance das soluções encontradas, válidas somente para recipientes ou tubos suficientemente estreitos. No caso da resistência, d'Alembert utilizava igualmente modelos mecânicos sobre a constituição dos fluidos supostamente formados por "bolinhas", que vinham chocar-se contra o sólido que neles se encontrava mergulhado. De forma que a unificação da hidrodinâmica e da dinâmica proposta no *Tratado* de 1744, tributária dessas hipóteses restritivas, ainda era apenas parcial.

Consciente de que necessitou introduzir suposições simplificadoras, d'Alembert não deixava de se questionar sobre a legitimidade dessas suposições, submetendo-as a um exame crítico. Interrogava-se sobre o caráter aproximativo da igualdade de velocidade das partículas de uma mesma fatia de fluido para tubos de uma forma qualquer: ao conservarem seu paralelismo, as fatias mudam de aspecto a cada instante, e as partículas do fluido "não podem ser supostas como conservando a mesma direção de um instante a outro", embora isso fizesse parte da conjetura. Essa aproximação era, de maneira geral, razoável, mas a possibilidade de dispensá-la seria um elemento decisivo, a seus olhos, para o caráter fundamental de uma teoria do movimento dos fluidos. Foi nessa direção que dirigiu suas pesquisas ulteriores nesse campo, que culminaram com o *Ensaio de uma teoria da resistência dos fluidos*, de 1749-52.

Seja como for, d'Alembert estava em condições, por meio de seu princípio, de pensar o movimento dos fluidos da mesma maneira que o dos sólidos: ele soube superar o hiato conceitual que separava ambos os movimentos, e o pensamento resultante desse paralelo levava a ampliar ainda mais a unificação alcançada para os movimentos dos sólidos ao englobar também os fluidos, ligando assim a hidrodinâmica à dinâmica. Ele não tinha procurado relacionar primeiramente a hidrodinâmica à hidrostática porque os princípios desta última eram empíricos. É revelador de seu propósito e de seu método que ele a tenha, ao contrário, relacionado à dinâmica, ou seja, por intermédio de seu princípio, às três leis fundamentais do movimento dos corpos. A hidrostática, a seguir, não passaria de um caso particular da hidrodinâmica e ficaria ligada, por meio dela, à estática.

A causa dos ventos e das marés

Em seu trajeto, as *Reflexões sobre a causa geral dos ventos*, de 1746-47, ocupam uma posição intermediária. Por seu assunto, elas pertencem tanto à hidrodinâmica como à astronomia. Esse tratado das "marés atmosféricas" interessa à história da astronomia porque d'Alembert apresenta ali um certo número de elementos que permitiriam o desenvolvimento da teoria das marés (oceânicas), tal como Laplace, em particular, formularia a seguir. Mas elas tiveram uma importância decisiva também para a hidrodinâmica, dando a d'Alembert a ocasião de desenvolver uma de suas inovações matemáticas mais notáveis, a teoria das equações com derivadas parciais, novo domínio do cálculo diferencial e integral, e de lhe encontrar, de imediato, um campo de aplicação perfeitamente adaptado a suas potencialidades: a mecânica dos fluidos.

A primeira versão da obra, em latim, obteve o prêmio da Academia de Berlim em 1746; a segunda versão, ampliada, foi publicada em francês em 1747.

Elogiada por seu interesse matemático, a obra foi em seguida criticada do ponto de vista físico, por não terem os ventos sua origem na atração do Sol e da Lua. D'Alembert concebia na verdade suas *Reflexões* como um tratado puramente teórico sobre um objeto ideal, as "marés atmosféricas", e deixava de lado, deliberadamente, os fenômenos dados pelo calor, muito mal conhecidos na época e fora do alcance de qualquer teorização (por exemplo, a dilatação do ar pelo calor solar e as circulações de ar resultantes das mudanças de temperatura entre os pólos e o equador, ou à medida que se ganha altitude), para levar em conta apenas as atrações do Sol e da Lua (quando na verdade elas desempenham apenas um papel negligenciável, dada a baixa densidade das massas de ar).

Essas críticas subestimaram, em geral, diversos aspectos inovadores do trabalho de d'Alembert, do próprio ponto de vista físico, como seu cálculo do efeito da rotação da Terra sobre os movimentos dos fluidos em sua superfície. Ao propor a equação do movimento de um volume elementar do fluido circundando o planeta, d'Alembert não tinha deixado de levar em conta todos os fatores que podem influir sobre esse movimento: a atração da Lua e do Sol, mas também o movimento de rotação da Terra, que varia em função da latitude – ele foi o primeiro a introduzir o termo correspondente, conhecido mais tarde como "força de Coriolis".

Laplace, em sua teoria da marés oceânicas exposta na *Mecânica celeste*, retomaria as equações elaboradas por d'Alembert (se a atração do Sol e da Lua é negligenciável para as massas gasosas da atmosfera, o mesmo não ocorre com as massas de água dos oceanos, sendo, ao contrário, a causa principal das marés), referindo-se explicitamente às *Reflexões sobre a causa geral dos ventos*.

Ele se deu conta, além disso, de que o termo da rotação da Terra, introduzido por d'Alembert, constituía, caso se considerem os movimentos da atmosfera, a verdadeira causa dos ventos alísios (o que d'Alembert desconhecia, embora tivesse concebido o instrumento teórico). É isso que, retrospectivamente, constitui o aspecto mais curioso de todo o episódio relativo aos movimentos reais da atmosfera e a questão proposta no concurso da academia berlinense (relacionada às preocupações para com as atividades marítimas): a solução apresentada por d'Alembert não era a correta, e havia suspeitas disso (incluindo-se as dele próprio), mas sua obra comportava aspectos tão inovadores que, apesar de tudo, o prêmio lhe foi concedido. Ocorre, no entanto, que ele havia efetivamente introduzido, sem a reconhecer como tal, a causa dos ventos alísios, cuja pesquisa fora a motivação principal de seu trabalho; ele a tinha "submergido" sob os outros efeitos, que supunha mais importantes, das atrações lunar e solar.[7] O prêmio da Academia de Berlim, portanto, poderia ter-lhe sido outorgado realmente pelo tema estrito do concurso, e não apenas por sua inventividade matemática: ele tinha conseguido – inconscientemente, é verdade – fazer figurar em sua solução do problema a verdadeira razão desses ventos que sopram do leste ao oeste em volta da "zona tórrida" do equador, entre os trópicos.[8]

---

7. D'Alembert obtinha, ao considerar as atrações lunar e solar relacionadas a um estado inicial da atmosfera, um vento de leste a oeste. Mas, como observaria Laplace, "as quantidades dependentes desse estado [inicial] deveriam ter desaparecido há muito tempo", "as condições primitivas do movimento [tendo sido] aniquiladas com o passar do tempo pelo atrito e pela pouca viscosidade do fluido".

8. Em seu estudo sobre os ventos dirigidos (1686), Edmund Halley destacara o aquecimento diurno da atmosfera, causado pelo Sol; mas não dera nenhum papel à rotação da Terra. Georges Hadley foi o primeiro a reconhecer a influência da rotação terrestre na formação dos ventos alísios, em sua dissertação "Concerning the Causes of General Trade Winds", publicada em 1738 nas *Philosophical Transactions* de Londres, trabalho que só chamou a atenção um século mais tarde. Hadley combinava essa influência com um efeito do calor solar que provocava um arrasto do ar do Norte e do Sul rumo às regiões equatoriais. Sua tentativa de explicação era a seguinte: as diferenças entre os paralelos quando se avança rumo ao equador (entre os trópicos e o equador a relação é de 917 para 1.000) acarretam um aumento da velocidade da Terra no equador em relação à velocidade na altura dos trópicos. A velocidade do ar que chega ao equador é, portanto, menor que a da Terra, e seu movimento relativo é oposto ao movimento diurno do planeta: daí um vento de nordeste no hemisfério

É verdade que a simplificação extrema dos problemas limitava seu interesse de um ponto de vista físico, mas as *Reflexões sobre as causas dos ventos* representam um passo considerável no desenvolvimento da hidrodinâmica, ao inaugurar a utilização sistemática das equações com derivadas parciais, mesmo que as situações examinadas não correspondessem a fenômenos efetivos e permanecessem puramente fictícias. As *Reflexões* constituem um valioso exercício matemático, que permitiu a d'Alembert aperfeiçoar sua teoria das equações diferenciais parciais e sua integração, e ter, ao mesmo tempo, a idéia de seu emprego sistemático, que se revelaria o mais fecundo, na mecânica dos fluidos.

Resistência dos fluidos e derivadas parciais

Nesse domínio, ele logo iria aplicá-las a problemas, desta vez bem reais, abrindo caminho para a completa matematização da hidrodinâmica. De fato, as equações com derivadas parciais para funções de diversas variáveis independentes eram perfeitamente adaptadas aos caracteres específicos dos meios fluidos ou, de maneira mais geral, contínuos. A segunda aplicação que d'Alembert fez delas referia-se às cordas vibrantes; ela era, de resto, extensível aos meios contínuos elásticos. A aplicação seguinte foi a hidrodinâmica considerada em toda sua generalidade.

Norte e um vento de sudeste no hemisfério Sul. Essa era, *grosso modo*, a explicação correta (trata-se de uma descrição fenomenológica do efeito de rotação da Terra). Segundo a observação de Marcel Brillouin ao comentar essa dissertação, "a rotação da Terra passa do segundo ao primeiro plano; as desigualdades de temperaturas do solo, que desempenham o papel principal nos fenômenos locais, têm apenas uma influência secundária na circulação geral". D'Alembert ignorava esse trabalho, aliás mais qualitativo que quantitativo, e se preocupava, antes de tudo, em encontrar uma forma analítica para a representação dos movimentos da atmosfera.

O novo ramo do cálculo tinha se tornado desde então a ferramenta e a linguagem da física teórica. É o que ficaria claro com seu novo trabalho sobre a hidrodinâmica e a resistência dos fluidos. D'Alembert aproveitou a oportunidade de uma nova questão escolhida para o concurso da Academia de Berlim para retornar aos problemas de hidrodinâmica. Desta vez ele deveria levar a cabo seu programa, chegando a uma teoria totalmente analítica, com o *Ensaio de uma nova teoria da resistência dos fluidos*.

Esse ensaio segue, bem mais do que aparenta, a obra sobre os ventos: d'Alembert redigiu em 1749 uma primeira versão em latim e a enviou à Academia de Berlim, antes de traduzi-la para o francês e publicá-la, ele próprio, em 1752, sob o título *Ensaio de uma nova teoria da resistência dos fluidos*.[9] Esse trabalho constitui uma continuação do *Tratado* sobre os fluidos de 1744, com modificações importantes na abordagem teórica, ligadas à utilização do cálculo com derivadas parciais, que o aproximam das *Reflexões sobre os ventos* de 1746-47. O conjunto desses textos apresenta, portanto, uma unidade temática, numa seqüência cronológica direta.

D'Alembert conseguiu liberar-se das hipóteses particulares cuja utilização não pudera evitar em 1744, mesmo daquela das fatias de fluidos de velocidades iguais. Propôs uma nova generalização do princípio da dinâmica para o caso do movimento de fluidos, tanto os incompressíveis como os compressíveis e elásticos. Sem hipótese restritiva ou modelo específico, ele admitia somente, como Clairaut fizera com a hidrostática, em sua *Teoria da forma da Terra* (1743), a igualdade das pressões em todas as direções num fluido em equilíbrio. Reduziu assim o movimento mais

---

9. O prêmio não lhe foi atribuído por causa da oposição de Euler, o que engendrou uma polêmica entre os dois cientistas.

geral do fluido ao movimento que ele de fato possui e àquele que as ligações o fazem perder, sendo este último compensado segundo as leis do equilíbrio. Além disso, conseguiu expressar as equações mais gerais da hidrodinâmica sob forma de equações diferenciais parciais, considerando a continuidade do meio fluido (segundo duas dimensões, extensíveis a três), que lhe permitia estudar as propriedades do meio num ponto qualquer (estudo local).[10]

D'Alembert deu assim o passo decisivo rumo à unificação da dinâmica dos sólidos e dos fluidos pela formulação analítica de todos os problemas da hidrostática e da hidrodinâmica, a partir de então reunidas e tornadas um dos domínios de uma mecânica ampliada. Ele levou desse modo a bom termo a inovação conceitual, já esboçada em seu *Tratado* de 1744, de pensar conjuntamente os fluidos e os sólidos como objetos da dinâmica.

Esse trabalho pioneiro seria completado por Euler, que escreveu as equações gerais sob uma forma simples e, segundo as palavras de Lagrange, reduziu a mecânica dos fluidos "a um único ponto de análise".[11] No verbete "Hidrodinâmica" da *Enciclopédia* (redigido em 1758 e publicado no volume 8, em 1765), d'Alembert lembra que as dissertações de Euler de 1755 – que permaneceriam

---

10. Por exemplo, a força aceleradora num ponto do fluido é representada por seus componentes seguindo os eixos de coordenadas que são, cada qual, função das variáveis e diferenciáveis com relação a essas últimas. Uma diferencial parcial refere-se a uma única das variáveis (por ex., x), sendo as outras consideradas como constantes. As condições de equilíbrio levavam d'Alembert a considerar as diferenciais parciais como pertencentes a diferenciais totais exatas (ele as chamava "completas"): por ex., a condição para que $Qdy + Rdx$ seja uma diferencial total exata (dF de uma função integrável $F(x,y)$) é que: $\dfrac{\partial Q}{\partial x} = \dfrac{\partial R}{\partial y}$

11. Cf. Truesdell, "The Rational Mechanics of Flexible or Elastic Bodies" (1638-1788), in L. Euler, *Opera Omnia*, sér. 2, 12, Turici, 1960; *Rational Fluid Mechanics* (1687-1765), ibid., 13, 1964.

como bases da hidrodinâmica – têm sua origem, sem a mencionar, em seu *Ensaio de uma nova teoria da resistência dos fluidos*.

Entretanto, a unificação ainda não estava totalmente realizada: a hidrodinâmica e a dinâmica continuavam sendo concebidas separadamente, pois o equilíbrio a que se reduziam os movimentos em razão das ligações era, no caso da primeira, o equilíbrio particular aos fluidos (caracterizado pela isotropia da pressão em um ponto). Coube a Lagrange escrever a última palavra no programa anunciado por d'Alembert, fazendo da dinâmica e da hidrodinâmica, segundo suas próprias palavras, "ramos de um princípio único, como que resultados de uma única fórmula geral".

Para concluirmos este capítulo sobre a obra de d'Alembert relativa à hidrodinâmica, bastará recordar a considerável importância que teve a introdução, na física, das equações com derivadas parciais e sua utilização sistemática. A mecânica do ponto material, tal como fora desenvolvida por Newton, necessitava apenas de equações diferenciais totais; mas equações diferenciais parciais eram "necessárias para formular a mecânica dos corpos deformáveis", como indicou Einstein numa retrospectiva sobre a teoria física. Elas viriam a se impor em todos os campos da física dos séculos XIX e XX, e deve-se lhes, em especial, a elaboração do conceito de campo contínuo (do qual se encontra uma prefiguração no "campo de velocidades" do *Ensaio de uma nova teoria da resistência dos fluidos*, de d'Alembert). Como escreveria Einstein, "a equação diferencial parcial entrou na física teórica como uma serva, mas pouco a pouco tornou-se senhora, ao surgir como a expressão natural dos fenômenos elementares da física". Einstein não sabia, provavelmente, que é a d'Alembert, em primeiro lugar, que se deve o feito de ter tornado possíveis tais desenvolvimentos.

Em sua obra, d'Alembert encontrou o paradoxo, conhecido depois por seu próprio nome, que investigou mais detalhadamente em seus *Opúsculos matemáticos*[12]: certas soluções das equações da hidrodinâmica são tais que, segundo seus próprios termos, "um corpo sólido de uma certa forma não experimenta nenhuma resistência da parte do fluido em que se move". O paradoxo assinalava de fato as limitações da hidrodinâmica clássica, que só seriam conhecidas no século XX, com o desenvolvimento da teoria dos sulcos, que lança mão das superfícies de descontinuidade e aos movimentos em turbilhão: foi essa teoria que permitiu resolver o paradoxo de d'Alembert.

---

12. Vol. 5, Dissertação 34.

8
A precessão dos equinócios e a atração de três corpos

Desde Newton, que tinha formulado sua lei fundamental e a elevara à dignidade de um "sistema do mundo" (expressão retomada por d'Alembert), a astronomia era o campo privilegiado da aplicação das leis da mecânica. É de fato com os corpos celestes (os do sistema solar, à época) que ocorre a maior aproximação às condições ideais do tratamento físico-matemático; eles requerem um mínimo de aproximações, e as alterações inevitáveis na Terra, como o atrito e a resistência do ar, são inexistentes em seu caso.

A teoria newtoniana tratava apenas dos movimentos resultantes da atração gravitacional dos corpos celestes tomados dois a dois: a órbita da Terra resultava de sua atração recíproca com o Sol, a da Lua de sua atração em relação à Terra, etc. Mas as trajetórias perfeitamente elípticas assim obtidas (resultantes da lei do inverso do quadrado das distâncias)[1] não passavam de aproximações. Haviam sido notadas irregularidades dos movimentos celestes das quais a teoria não dava conta. Newton as atribuía ao efeito da atração de outros corpos celestes, perturbando

---

1. A força de atração da gravitação universal entre dois corpos de massas, m_1 e m_2, separados por uma distância d, escreve-se assim: $F = G\frac{m_1 m_2}{d^2}$, sendo G a constante da gravitação.

a atração principal, que nem sempre eram negligenciáveis, mas os meios matemáticos de que ele dispunha não lhe permitiam calcular essas alterações.

O problema que estava na ordem do dia na época de d'Alembert era o da interação de três corpos. Tratava-se de calcular o movimento de dois corpos em atração gravitacional – por exemplo, um planeta e o Sol – e de perturbá-lo, pela atração de um terceiro – a Lua, no caso da Terra, ou um grande planeta. O movimento da Terra em relação ao Sol era afetado pela ação da Lua, o da Lua com relação à Terra era modificado pela atração do Sol, o de um grande planeta longínquo como Saturno em volta do Sol era afetado pela ação de outro grande planeta, Júpiter, etc. Os próprios cometas eram perturbados, em seu movimento em elipses excêntricas ao redor do Sol, por sua passagem próximo aos planetas, que causavam modificações em suas trajetórias.

O progresso da matemática e dos métodos de resolução das equações fazia a partir de então esperar que fosse possível determinar todos esses efeitos pela Análise. O cálculo exato e a concordância dos resultados das observações constituiriam uma confirmação da lei de Newton da gravitação universal. Mas, ao mesmo tempo, representavam uma enorme inovação em relação à teoria de Newton. Nesse sentido, dizer que os cientistas da época operavam "no interior do paradigma newtoniano" não significa grande coisa, nem do ponto de vista epistemológico, nem do ponto de vista histórico. Pois esses cientistas, que não eram outros senão Euler, Clairaut e d'Alembert, estavam às voltas com problemas inéditos que combinavam a astronomia e a análise. Eles certamente tomavam emprestada de Newton a lei do inverso quadrado e inovavam quanto ao resto.

Euler, Clairaut e d'Alembert foram os primeiros a utilizar a análise matemática para a determinação dos movimentos dos corpos celestes pertencentes ao sistema solar (os planetas, seus satélites e os cometas) na hipótese da gravitação universal de Newton. Devemos a eles, em particular, as primeiras abordagens precisas do problema dos três corpos pelos métodos perturbativos, cada um deles desenvolvendo seu próprio método de aproximação, diferente do dos outros, mas todos eles convergindo no que dizia respeito aos resultados, sem que seja possível atribuir a nenhum deles a primazia.

D'Alembert se interessou muito rapidamente pela astronomia, na qual via, além da possibilidade de resolver o problema dos três corpos, a aplicação imediata de seu teorema da dinâmica e de seus resultados de hidrodinâmica, assimilando-se os planetas – em especial a Terra – a massas fluidas, de formas e repartições de densidades diversas. Clairaut já dera o exemplo com seu *Tratado da forma da Terra*, publicado em 1743, tratado de astronomia e de geodesia, ao mesmo tempo que de hidrostática.

D'Alembert apresentou à Academia de Ciências de Paris, em 1745, uma primeira dissertação sobre os problemas da astronomia, *Método geral para determinar as órbitas e os movimentos de todos os planetas considerando sua ação mútua*, na qual aplicava seu teorema da dinâmica. Ele a fez seguir de uma segunda, em 1747, apresentada dessa vez à Academia de Berlim, intitulada *Solução de alguns problemas de astronomia*, na qual formulava uma primeira solução para o problema dos três corpos; e depois, no ano seguinte, novamente na academia parisiense, de um trabalho sobre a determinação da órbita da Lua, em que tratava das irregularidades dos movimentos desse satélite. Publicou em 1749 suas *Investigações sobre a precessão dos equinócios e sobre a nutação do eixo da Terra no sistema newtoniano*, em um volume, seguido pelas *Investigações sobre diversos pontos importantes do sistema mundo*, cuja publicação em três volumes estendeu-se de 1754 a 1756. Esses volumes, que constituem o *corpus* principal de sua obra no campo da astronomia e da mecânica celeste, foram acompanhados de outras contribuições publicadas principalmente nos *Opúsculos matemáticos*.

A precessão dos equinócios

As *Investigações sobre a precessão dos equinócios e sobre a nutação do eixo da Terra no sistema newtoniano* representam um passo importante na astronomia: esses fenômenos foram ali exatamente explicados, com base no princípio da dinâmica e na solução do problema dos três corpos.

A precessão dos equinócios, fenômeno observado na Antigüidade por Hiparco, corresponde a uma rotação do pólo celeste (isto é, do eixo da Terra) em relação às estrelas fixas sobre um pequeno círculo de raio angular 23° ½ efetuada em 26 mil anos. Newton tinha proposto para isso uma explicação qualitativa, resultante do fato de a ação do Sol não incidir diretamente sobre o centro da Terra, visto que esta é inomogênea e achatada. A ação a considerar deveria ser, na verdade, a ação conjugada do Sol e da Lua agindo no plano da eclíptica (plano do movimento da Terra com relação ao Sol), com a aproximação em que a Lua se situa nesse plano. Newton não estava em condições de efetuar tal cálculo, que escapava às técnicas matemáticas então disponíveis.

Retomando o problema tal como Newton o colocara, d'Alembert mostrou as fraquezas da solução proposta por aquele: ela tirava proveito de compensações fortuitas de erros, repousava sobre um modelo pouco rigoroso do intumescimento da Terra no equador (formulado em termos de um anel de pequenas luas), sem contar o valor inexato adotado para essa grandeza, para a qual as expedições geodésicas à Lapônia e ao Peru tinham posteriormente fornecido uma medida mais precisa. A teoria de Newton fundamentava-se também numa estimativa da relação da ação da Lua à do Sol baseada em observações muito aleatórias das marés. D'Alembert abordou o problema de maneira analítica, calculando o *momento* das forças exercidas pelo Sol e pela Lua sobre a Terra, e utilizando resultados do *Tratado de dinâmica*. Tratava-se, dado um corpo girando livremente em torno de um eixo e solicitado por uma força oblíqua, de encontrar a mudança sofrida pelo eixo de rotação do corpo (problema do movimento do giroscópio). O princípio da dinâmica fornecia o método geral de determinação do movimento de um corpo sólido submetido a forças conhecidas; a ação combinada do Sol e da Lua era encontrada por uma solução aproximada do problema dos três corpos.

Quanto à nutação, sua descoberta em 1737 deveu-se ao astrônomo James Bradley (a quem se deve também a descoberta da aberração das estrelas), que a tinha observado no decorrer de sua pesquisa infrutífera das paralaxes estelares.[2] A nutação é um outro fenômeno oscilatório que afeta o eixo da Terra, cujo período acabava de ser medido em 1747. A órbita lunar corta o plano do equador terrestre em dois pontos que efetuam uma revolução em dezoito anos, ou seja, uma desigualdade de mesmo período no movimento do eixo de rotação da Terra, o qual efetua assim uma ligeira oscilação em torno de sua direção média:

---

2. Chamam-se paralaxes estelares os desvios angulares que deveriam ser observados na direção das estrelas vistas da Terra no decorrer do ano, em razão do movimento da Terra em torno do Sol: esses desvios teriam constituído a prova irrefutável da hipótese copernicana. Mas, na época, a sensibilidade dos telescópios ainda era insuficiente para evidenciá-los, dada a grande distância das estrelas, à época subestimada. Daí a pesquisa infrutífera desse fenômeno até as observações de Bessel no século XIX. Ver o verbete "Paralaxe" de d'Alembert, bem como seus outros verbetes da *Enciclopédia* sobre a astronomia física, como "Atração", "Cometas", "Eclipses", etc.

o pólo celeste descreve uma "elipse de nutação". A explicação matemática do fenômeno, dada por d'Alembert em suas *Investigações sobre a precessão dos equinócios e sobre a nutação do eixo da Terra no sistema newtoniano*, mostrava a nutação como um efeito secundário em relação à precessão dos equinócios.

A órbita da Lua não se encontra exatamente no plano da eclíptica, e sua ação sobre as partes equatoriais da Terra pode ser dissociada em uma componente nesse plano, levada em conta na precessão, e em outra, perpendicular a esse plano, que determina essas novas variações periódicas do eixo da Terra em torno de sua direção média, a nutação. Esse efeito acrescenta-se, portanto, ao da precessão (de modo que o conjunto do efeito giroscópico sobre o eixo da Terra da atração da Lua e do Sol é um movimento duplamente periódico). O cálculo era importante, tanto do ponto de vista teórico (fornecia uma nova confirmação do sistema newtoniano) como do ponto de vista prático, para as exigências da astronomia em geral, bem como para as da navegação; como todas as medidas astronômicas eram feitas a partir da Terra, era importante corrigi-las levando em conta o efeito de nutação.

D'Alembert conseguiu assim exprimir os termos principais do movimento do eixo de rotação da Terra, a *precessão* regular e a *nutação*, e deduziu deles várias propriedades da Lua (sua massa, um octogésimo da massa da Terra) e da Terra (relativas à distribuição de sua matéria). Essa primeira determinação precisa de tais fenômenos pelo cálculo foi assim, do ponto de vista das considerações físicas, uma aplicação direta do *Tratado* de d'Alembert; e a astronomia física, tendo sido relacionada aos princípios da mecânica, abria caminho para a mecânica celeste. Seus resultados continuaram em boa medida válidos depois dele, sendo o princípio de seus cálculos exato, exceto pelo fato de que ele levava em conta apenas as massas terrestres sólidas e considerava que a massa dos oceanos não intervinha na precessão, devido a sua fluidez. Laplace mostraria, ao contrário, que, dado que a figura elipsoidal do equilíbrio é válida tanto para a terra quanto para o mar, "os movimentos do eixo terrestre são os mesmos que seriam se o mar formasse uma massa sólida com a terra".

O movimento da Lua

O estudo do movimento da Lua foi, para d'Alembert, a ocasião de uma peripécia significativa, cujas emoções ele compartilhou com Clairaut e Euler, seus colegas e concorrentes no estudo do problema dos três corpos. Os três cientistas – Clairaut e d'Alembert, a propósito do movimento da Lua (sobre o qual cada um trabalhava por conta própria, enviando seus resultados em envelopes selados à Academia de Ciências), e Euler a propósito do movimento de Saturno – foram levados a suspeitar durante algum tempo que a lei newtoniana do inverso do quadrado das distâncias para a força de gravitação estava errada. Em novembro de 1747, Clairaut sentiu-se em condições de anunciar à Academia que havia descoberto que o movimento das apsides[3] da Lua diferia por um fator de 2 daquele calculado a partir da lei de Newton. D'Alembert havia igualmente concluído, de sua parte, que havia um desacordo entre a teoria e a observação, contentando-se porém em registrar o fato em um envelope selado. Euler havia chegado independentemente à mesma conclusão, calculando as influências respectivas de Saturno, de Júpiter e do Sol.

A questão, evidentemente, era de importância fundamental. D'Alembert assim a descreveu numa carta a Cramer (datada de 16 de junho de 1749):

---

3. Extremidades do grande eixo da órbita de um planeta.

Quanto mais examino a teoria da Lua, e quanto mais a comparo com as observações, mais fico persuadido de que a gravitação da Lua na direção do Sol [como perturbação de seu movimento com relação à Terra] não basta para explicar todas as irregularidades de seu movimento.

Depois de uma descrição detalhada dessas irregularidades, ele prosseguia:

> Há outra força, além dessa gravitação, que altera o movimento da Lua. [Essa força] é uma função dessa distância [entre a Terra e a Lua] e de alguma outra variável que não conhecemos. Talvez seja uma força do tipo da força magnética.

E d'Alembert acrescentava:

> Não tenho pressa de publicar algo sobre esse assunto. Aliás, desagradar-me-ia dar a Newton o coice do asno, e só publicarei o trabalho sobre meu sistema com todos os elogios devidos a esse grande homem, e com todas as restrições que a matéria merece.

Pois tratava-se nada menos que desferir em Newton uma punhalada pelas costas, isto é, impugnar a teoria da gravitação universal (levando-se em conta o contexto da vitória recente e difícil das idéias newtonianas na França e no continente, cujo questionamento por seus principais partidários traria todas as marcas de uma traição). Na realidade, os três cientistas tinham-se enganado. Clairaut foi o primeiro a identificar seu erro, que ocorrera devido a um termo do desenvolvimento perturbativo, que ele negligenciara. D'Alembert devia seu erro também a um sinal mal lido nas tabelas lunares; e o de Euler era da mesma natureza. A descoberta do erro correspondeu, ao mesmo tempo, a uma verificação da atração newtoniana com um grau inédito de precisão. Essa precisão, que era a da observação (no nível das irregularidades do movimento), correspondia à precisão do cálculo teórico. Mas esta última revelava mais do que a exatidão numérica do cálculo de aproximação. Ela apontava para a extensão da validade da lei newtoniana da atração gravitacional à interação entre três corpos. Clairaut recebeu por isso, em 1752, devido à sua prioridade, o prêmio da Academia de Berlim.

Assim, quando d'Alembert falou, a seguir, do "sistema admirável" de Newton, cuja força reside na concordância completa aos dados mais precisos de observação, podemos avaliar quanto esta não era uma afirmação abstrata ou uma figura de retórica. A teoria newtoniana da gravitação e sua extensão a mais de dois corpos, realizada por seus colegas e por ele, repousavam em princípios racionais (as três leis gerais do movimento), mas também em uma lei dada de maneira empírica (a lei da atração, do inverso do quadrado), que se revelava a partir de então como algo muito seguro.[4]

O problema dos três corpos

O método geral de abordagem do problema dos três corpos era um cálculo de perturbações. No caso do movimento da Lua, por exemplo, calculava-se primeiramente sua órbita em volta da Terra ignorando-se o efeito da atração solar; aplicava-se a ela, em seguida, a perturbação devida a esta última e depois, retomando a órbita assim edificada, aplicava-se novamente a perturbação, e assim por diante, até que os termos posteriores do desenvolvimento da perturbação fossem negligenciáveis. Apenas os

---

4. Sobre o conceito de atração, ver o capítulo 9.

progressos contemporâneos da análise permitiam levar a bom termo esses cálculos, e tratava-se, portanto, de uma *extensão* da teoria da atração newtoniana ao caso de diversos corpos, não somente de sua *aplicação*. D'Alembert obteve a equação diferencial da órbita da Lua e integrou-a por aproximações.

Seu caminho próprio no cálculo dos métodos perturbativos para a resolução aproximada do problema dos três corpos continha inúmeras inovações de grande originalidade, tanto em matemática como em física matemática, que seriam mais tarde retomadas ou redescobertas por outros (notadamente por Laplace e Fourier), segundo métodos diferentes (e as contribuições de d'Alembert seriam muitas vezes esquecidas).

Por exemplo, tendo estabelecido a equação diferencial da trajetória de um corpo móvel – em coordenadas polares –, d'Alembert a estudava decompondo a força em séries. Utilizando números complexos, ele a reduzia a uma equação diferencial linear de segunda ordem com coeficientes constantes na qual intervinha uma série trigonométrica dada. Obtinha a seguir a solução da equação de diversas maneiras, das quais uma correspondia a uma relação de recorrência entre os coeficientes da série trigonométrica, e outra fazia intervir integrais elípticas (assim denominadas bem mais tarde).

Parece que é também a d'Alembert que se deve a primeira eliminação dos "arcos de círculo" ou "termos seculares", atribuída posteriormente a Lindstedt.[5] Esses termos seculares (expressos, por exemplo, em co-senos de um ângulo proporcional à longitude da Lua) provêm do desenvolvimento em série. Bastante conhecidos posteriormente

---

5. Gostaria de evocar aqui a memória de Bruno Morando, desaparecido prematuramente em 1996, que estudava apaixonadamente essas inovações de d'Alembert no campo da astronomia matemática.

em astronomia, eles crescem indefinidamente em função do tempo, conduzindo a quantidades infinitas nos cálculos.[6]

D'Alembert produziu a primeira teoria completa do movimento da Lua no primeiro volume, de 1754, de suas *Investigações sobre diversos pontos importantes do sistema do mundo*. Ali ele calculou em especial, com grande exatidão, o movimento do apogeu da órbita lunar (seu ponto mais distanciado da Terra), que gira no céu em nove anos, como efeito da perturbação por atração solar.

A teoria da Lua tinha um interesse diretamente prático: ela permitia encontrar a longitude no mar, com precisão. Uma etapa importante para isso era a eliminação dos arcos de círculo, sem a qual a solução se degradaria no decorrer de alguns anos. (D'Alembert estudava de maneira precisa o comportamento dos termos das diferentes ordens do cálculo, e exprimia sua solução em função de quatro argumentos, idênticos aos que seriam introduzidos um século mais tarde pelo astrônomo Delaunay.) Ele examinava as propriedades e a forma dos parâmetros significativos que intervinham na solução. Sua abordagem era, assim, mais geral que a de Euler e a de Clairaut, que se contentavam, de sua parte, em tratar esses parâmetros de maneira numérica.

A concorrência entre Clairaut e d'Alembert em relação aos problemas de astronomia era cerrada. Ambos trabalhavam, cada qual ajudado por seu lado por um astrônomo (Le Monnier com Clairaut, J. J. Lalande com d'Alembert), no estabelecimento das tábuas lunares, de grande utilidade para a navegação. As duas equipes – ou melhor, os dois campos adversários – assim formadas enfrentaram-se, muitas vezes duramente, na Academia de Ciências e nos

---

6. Sua eliminação pode ser vista como uma espécie de ancestral dos procedimentos atuais de *renormalização* na teoria das perturbações aplicada aos campos.

periódicos científicos (como o *Journal des Savants* ou o *Journal Encyclopédique*), até a morte de Clairaut, em 1765. Mais do que d'Alembert, Clairaut preocupava-se com a observação, a experiência e as medidas. Ele viajara até a Lapônia com Maupertuis para medir o meridiano sobre um grau de longitude, o que havia permitido chegar a uma conclusão sobre o achatamento da Terra nos pólos, em conformidade com a teoria de Newton (ver capítulo 5). As tabelas de Clairaut estavam mais próximas, devido a sua disposição, das exigências de observação, eram de leitura mais cômoda e de utilização mais direta do que as de d'Alembert, que permaneciam mais próximas, ao contrário, dos procedimentos de cálculo, e ele não poupava críticas a seu colega sobre esse ponto. Mas, se o cuidado experimental de d'Alembert era menor, seus métodos matemáticos eram melhores.

Clairaut acrescentou a seus sucessos a predição, com uma precisão sem precedentes, do retorno do cometa observado em 1680 por Edmund Halley. Esse astrônomo, contemporâneo e colega de Newton, calculara que o cometa deveria reaparecer em 1758 ou 1759. Seu cálculo era no entanto aproximativo, não levando em conta as perturbações sofridas pelo cometa quando de sua passagem nas vizinhanças dos grandes planetas, que deveriam modificar sua trajetória. Clairaut, graças à sua solução do problema dos três corpos, fez um cálculo muito mais exato e predisse o retorno do cometa para o mês de abril de 1759. Ao anunciar isso publicamente, ele divulgou sua teoria dos três corpos, mas calou-se sobre as teorias equivalentes de Euler e de d'Alembert.

A aparição do cometa na data prevista causou grande sensação, e a popularidade que Clairaut ganhou com isso foi imensa. Os inimigos de d'Alembert e dos enciclopedistas aproveitaram-se do fato para tentar desacreditar os cientistas que posavam como grandes sábios: isso ocorreu três meses depois da supressão da *Enciclopédia* pelo poder real, num clima de paixões, repressão e ameaças (ver capítulo 11). A rivalidade entre os dois cientistas teve no entanto um efeito benéfico sobre d'Alembert, suscitando nele um novo interesse pelo problema dos três corpos. Publicou nessa época, em 1761, no segundo volume de seus *Opúsculos matemáticos*, dois trabalhos sobre os cometas: "Aplicação de minha solução do problema dos três corpos à teoria dos cometas" e "Reflexões sobre o cometa de 1682 e 1759".

A rabugice de Clairaut para com d'Alembert jamais teria fim. Ele chegou a declarar, em 1764, que os escritos de seu rival não revelavam a mínima parcela do gênio apropriado ao estudo da física! Sua reprovação teria podido no máximo dirigir-se à pouca atração que d'Alembert sentia pela precisão numérica. Este estava bem consciente de ser antes de tudo interessado pelo tratamento teórico dos problemas, considerando os cálculos numéricos penosos e cansativos. Mas ele próprio não tinha dificuldade, ao contrário, em reconhecer os méritos de seus colegas nos avanços importantes da astronomia teórica. Ao evocar, em 1777, "o problema dos três corpos", ele indicou que este tinha sido "resolvido ao mesmo tempo por três geômetras, dois deles franceses".[7]

Ao elaborar a astronomia física como teoria explicativa dos movimentos dos corpos celestes no sistema solar, d'Alembert contribuía para a edificação do "sistema do mundo" empreendida por Newton. Disso tinha plena consciência, pois ele próprio empregou esse termo no título de sua grande obra de 1754-56. Laplace daria a ela, mais tarde, uma perspectiva totalizante, chegando até a exprimir as condições da estabilidade do sistema solar. A palavra

---

7. Ch. Henry, *Correspondance inédite de d'Alembert*, p. 628-31.

"sistema", na expressão "sistema do mundo", reveste-se de um significado epistemológico particular: a realidade do mundo é representada por um conjunto estruturado e racional de proposições sobre grandezas tratadas pela análise. A coerência desse sistema era tal que as proposições da teoria fornecem, para d'Alembert, "meios infalíveis de nos assegurar se elas são verdadeiras". Em especial, "um único artigo no qual a observação desmentisse o cálculo faria desmoronar o edifício, e relegaria a teoria newtoniana à classe de tantas outras, criadas pela imaginação e destruídas pela análise".

9
A razão dos princípios e a crítica dos conceitos

Para compreender a natureza das relações da ciência com a filosofia em um pensador como d'Alembert, não se deve considerar somente a filosofia que ele explicitamente desenvolveu: é em seu trabalho científico que se pode entrever uma dimensão propriamente filosófica, como pudemos constatar seguindo seu percurso na matemática e na física matematizada (ou antes, matematizável, já que seu trabalho na física correspondeu, na maioria das vezes, ao estabelecimento de condições de uma matematização pela análise, condições que estavam longe de estar já realizadas). Seu percurso científico pode ser caracterizado por dois aspectos distintos, ainda que, para ele, indissociáveis.

O primeiro é a busca da racionalização dos fenômenos físicos e de suas leis, que se acompanha com freqüência de uma unificação teórica em torno de princípios fundamentais, de caráter físico e ao mesmo tempo fundados na razão. Essa unificação se efetua menos por uma redução do que por uma extensão do domínio de validade dos princípios e progride com o abandono de hipóteses específicas que não poderiam ser justificadas por razões fundamentais. Ao lado dos princípios, deve-se no entanto admitir leis experimentais de alcance geral e tão solidamente estabelecidas por seus efeitos a ponto de terem se tornado tão indispensáveis ao exercício do raciocínio como os primeiros (por exemplo, a impenetrabilidade dos corpos sólidos em mecânica, a lei da atração em astronomia física e sua validade universal para todos os corpos materiais, a igualdade de pressão em todas as direções na hidrodinâmica...).

O segundo aspecto é o de uma crítica e clarificação das noções empregadas, dos conceitos que subentendem as grandezas quantificáveis que intervêm na física, mas igualmente das noções matemáticas e dos procedimentos aos quais estão submetidas. A própria matemática possui, para d'Alembert, um estatuto particular, do qual dependem os dois aspectos indicados: de todas as ciências, ela é a mais próxima do exercício puro da razão, pela própria natureza de seu objeto. Ela indica os caminhos da certeza em matéria de raciocínio, ao mesmo tempo que a consideração dos objetos das outras ciências e das grandezas ou quantidades que os descrevem permite formular as condições e os meios de sua eventual matematização.

Esses dois aspectos subentendem duas exigências essenciais de sua atividade científica: de um lado, abrir novos caminhos, de outro, esclarecer os princípios e os conceitos, isto é, assegurar os *fundamentos*. Sua preocupação em desenvolver a matemática e as ciências físico-matemáticas seguindo esse programa, sua exigência de rigor no método e sua decisão de não confiar senão em concepções claras reunidas a uma simplicidade fundamental fazem que sua atividade científica se acompanhe sempre de uma reflexão que chamaríamos hoje *epistemológica*, que faz parte de sua própria busca.

Encontramos esses elementos de reflexão tanto no corpo dos tratados científicos como nos textos e discursos preliminares que os prefaciam e nos numerosos verbetes da *Enciclopédia* que consagrou a esses assuntos. Estes superam de longe a mera vulgarização, por seu caráter pedagógico feito de clareza, de resgate de princípios, de ilustração por meio de exemplos, mas também por sua preocupação em esboçar a evolução histórica dos problemas tratados, remetendo geralmente às obras de referência (ver, por exemplo, o verbete "Diferencial", modelo de exposição crítica do nascimento do cálculo, no qual os elementos da controvérsia entre Newton e Leibniz são descritos com precisão e objetividade).

D'Alembert procurava, por meio de seus verbetes sobre a matemática (no sentido amplo), fazer compreender, fazer pensar (esta é uma constante em seus escritos), ilustrando-os com considerações epistemológicas e observações filosóficas.[1] Eles constituem uma verdadeira introdução aos fundamentos e desenvolvimentos da época relativos às matérias tratadas. O que estava neles em jogo tinha grande importância a seus olhos: tratava-se de dar à matemática e às ciências vizinhas um lugar de primeiro plano no saber humano, coisa que, além da apresentação de seu conteúdo próprio, exigia mostrar sua ligação com as outras ciências, assim como com a "metafísica", no sentido positivo do termo, segundo d'Alembert, isto é: esclarecer seu estatuto do ponto de vista do conhecimento (a "metafísica", nesse sentido, nada mais é do que a epistemologia).

A preocupação em tornar claro, em legitimar, por meio de sua consideração racional segundo sua natureza e seu objeto, os conceitos e os procedimentos que ele punha em ação em suas elaborações científicas confere força e originalidade à sua reflexão, que não se contentava com generalidades filosóficas. Devemos-lhe, assim, preciosas observações e análises detalhadas sobre os conceitos matemáticos ou físicos (o movimento inercial, o espaço e o tempo, o ponto material, a força, a atração, etc.) sobre a racionalidade dos

---

1. Para uma leitura ordenada desses verbetes, ver o "Índice metódico" preparado por Bossut no final dos três volumes da *Encyclopédie méthodique* (1784-89), consagrados à matemática.

princípios das ciências, sobre as condições da matematização das grandezas e sobre o grau de validade destas últimas, sobre seu caráter mais ou menos abstrato ou mais ou menos próximo dos objetos reais, sobre as relações entre a teoria e a experiência na física, sobre a noção de limite como condição de pensamento racional do cálculo diferencial e das grandezas infinitesimais, e mesmo sobre a noção de infinito ou, ainda, sobre a relação entre o cálculo das probabilidades e suas aplicações...

Essa preocupação, ainda que diretamente ligada à sua prática científica e à sua filosofia do conhecimento, tinha particularmente a ver com sua preocupação para com as questões sobre a língua (d'Alembert interessou-se pela gramática e pela etimologia). A linguagem era, para ele, o nó em volta do qual a filosofia, a matemática e as ciências naturais tecem suas representações. O projeto de aperfeiçoar cada língua e fazer dela um melhor instrumento da razão (ver o verbete "Dicionário") parecia-lhe de importância decisiva para o desenvolvimento das ciências. "Todo método analítico é uma língua", e "uma ciência bem tratada não passa de uma língua bem-feita", escrevia Condillac. O primeiro objeto que a filosofia deveria propor a si mesma, segundo d'Alembert, seria o de estabelecer uma linguagem precisa e exata para cada ciência, a fim de lhe dar a possibilidade de se desenvolver com toda lógica e certeza. O conhecimento científico passava, antes de mais nada, pela clarificação dos termos e dos conceitos, esses últimos exprimindo-se de acordo com a correta ordenação dos primeiros.

Nesse sentido, a matemática desempenhava, para ele, uma função exemplar.

> O método matemático é, de todas as ciências, o que é natural à mente humana, o que faz descobrir verdades de toda espécie. (Verbete "Método")

D'Alembert retomava, assim, a afirmação cartesiana da *mathesis universalis*, ao conceber a matemática como co-natural à razão, como expressão característica desta última (por assim dizer, seu modelo), por sua universalidade (ela é acessível a todos) e pela simplicidade de seu objeto, puramente abstrato e despojado de conteúdo concreto particular. A "matemática pura" tem como objeto a grandeza considerada abstratamente em sua generalidade (definição retomada de Descartes) e divide-se em aritmética (ciência dos números), geometria (ciências das formas) e álgebra (ciência das relações puras).

A *matemática como língua*

D'Alembert concebia a matemática como uma língua, mas essa língua não era mais "geométrica", como havia sido para Galileu, e como Descartes e Newton ainda a concebiam (a geometria, que era síntese, vinha antes da análise e do cálculo), mesmo que os dois últimos tenham, de fato, destronado a geometria pura em favor da expressão analítica, mais simples e fácil de se aplicar na maioria dos problemas. O advento da geometria analítica tinha dado precedência à *relação*, em detrimento da *forma*, e introduzido a álgebra e a análise como novos quadros de referência; ficou evidente que a síntese (a geometria) não era acessível antes da análise (o cálculo). À época de d'Alembert, a mutação estava terminada, principalmente por causa da transformação que sofrera a análise no sentido de Descartes com o estabelecimento do cálculo diferencial e integral. "As propriedades da espiral, que grandes matemáticos não puderam acompanhar com Arquimedes, demonstram-se com um traço de pena por meio da análise", assinalava ele no *Ensaio sobre os Elementos de filosofia*.

Depois do equacionamento analítico, a linguagem matemática apenas seguiu sua sintaxe própria, expunha d'Alembert em sua comparação da matemática a "uma língua bem-feita", e essa sintaxe corresponde a sucessões de proposições perfeitamente claras: "Pode-se [...] olhar o encadeamento de diversas verdades geométricas como traduções mais ou menos diferentes e mais ou menos complicadas da mesma proposição e, com freqüência, da mesma hipótese", indicava ele no *Discurso preliminar da Enciclopédia*, no qual a influência de Condillac se faz sentir fortemente. A álgebra, como o raciocínio, do qual ela é uma forma simples, tira partido de uma identidade fundamental:

> A linguagem algébrica – escrevia Condillac em sua *Lógica* – faz perceber, de maneira sensível, como os julgamentos estão ligados uns aos outros num raciocínio. Vê-se que o último encontra-se encerrado no penúltimo, bem como o penúltimo no que o precede, e assim por diante, ascendentemente, apenas porque o último é idêntico ao penúltimo, o penúltimo ao que o precede, etc., e reconhece-se que essa identidade constitui toda a essência do raciocínio.

Para d'Alembert, entretanto, a álgebra não era completamente uma língua, mas apenas uma "espécie de língua", ou, ainda, "uma aritmética universal, ou feita de letras", "um cálculo das grandezas em geral". As palavras estão ligadas a uma significação, uma língua não se reduz à sintaxe, mas comporta também a semântica. Ao contrário, o signo algébrico abstrai-se de todo conteúdo significante. Nem por isso d'Alembert deixava de admitir a consistência interna da matemática, assegurada pelas demonstrações, mesmo para proposições que pareciam ser evidentes apenas por si.

Se d'Alembert, seguindo toda uma tradição matemática vinda dos gregos, considerava a exigência de Euclides relativa ao paralelismo (o quinto postulado)[2] como um teorema a ser demonstrado, considerando como o "escândalo dos geômetras" que ninguém tivesse ainda conseguido fazê-lo, isto sem dúvida ocorria em virtude de sua desconfiança dos axiomas, mas também de sua crítica das evidências visíveis (uma tal propriedade não poderia ser apenas empírica) e de sua afirmação da coerência do racional (todas as proposições da geometria se sustentam, e a exigência de Euclides devia estar fundamentada na razão).

No entanto, Saccheri tinha vislumbrado pela primeira vez, em 1733, a possibilidade de uma negação do postulado de Euclides, ao mesmo tempo que se pronunciava por sua validade, e Lambert também se interrogaria, em 1786, sobre a validade do postulado, suspeitando que proposições geométricas desenvolvidas sem ele podiam permanecer coerentes, o que considerou como um fracasso de sua tentativa de demonstrar o postulado por absurdo.

Entre os dois, d'Alembert sublinhou a importância de uma demonstração para o estatuto racional da geometria. A impossibilidade de se chegar a ela significava, na realidade, a possibilidade de uma pluralidade de geometrias, ainda inadmissível para as concepções até então dominantes de um elo estreito entre a matemática e o mundo natural, e da adequação da geometria euclidiana a este último.

A matemática não constitui toda a ciência

A posição especial da matemática entre as ciências, sua relação privilegiada com a certeza e a evidência, não significava de modo algum, para d'Alembert, que todos

---

2. "Se uma transversal cortando duas retas forma dois ângulos internos cuja soma é menor que um ângulo reto, então as duas retas se encontram." Ou, de acordo com outra formulação equivalente, mais conhecida: "por um ponto exterior a uma reta passa uma e apenas uma paralela a esta reta".

os outros conhecimentos devessem reduzir-se a ela. A matemática pura precedia, na ordem dos conhecimentos, a "matemática mista", isto é, a física em nossa atual acepção, e não era apenas sua "linguagem". Seu estatuto em relação às outras ciências tinha se modificado com relação à metafísica da matemática de um Galileu ou de um Newton, tributária (sobretudo neste último) de concepções neoplatônicas. Para Newton, o mundo real, o verdadeiro mundo físico, era matemático, bem como os conceitos empregados para descrevê-lo (o tempo e o espaço absolutos e matemáticos, etc.), ao passo que os fenômenos sensíveis eram apenas aparentes. Somente a possibilidade de relacionar a descrição das propriedades do mundo físico a uma realidade absoluta e matemática garantia a legitimidade da utilização da matemática na física (tal como anunciava o título da obra *Princípios matemáticos da filosofia natural*).

Com o tratamento *analítico* das ciências físico-matemáticas, forjado após Newton no continente europeu e sendo plenamente aplicado por Clairaut, Euler e d'Alembert, a justificação do emprego da matemática na física tinha se tornado, em certo sentido, mais cartesiana do que newtoniana: ela se fundamentava no fato de que os objetos dessas ciências são descritos por grandezas quantificáveis, e não em definições de essência.

As condições da matematização dessas grandezas deviam ser sempre estabelecidas com precisão. Sob outro aspecto, porém, essa concepção rompia com o programa cartesiano de identificar a física à geometria, fundado na idéia de que a essência da matéria era a extensão espacial. De um lado, questões de essência eram abandonadas, de outro, os corpos físicos manifestavam propriedades distintas da extensão, como a atração ou a impenetrabilidade. Enfim, a física fazia apelo a uma variável que a geometria ignorava: o tempo.

A análise, e não mais a geometria, era a disciplina matemática apropriada à formulação das grandezas e das leis da física; a justificação da matematização da física dependia assim, de certa maneira, da análise, e não mais de uma síntese *a priori*. D'Alembert exprimiu com grande clareza esse novo ponto de vista, que deveria, a partir de então, predominar. A abstração, em física, era o meio de conduzir um problema à análise geométrica, e fazia parte do método científico. (Ele não dizia que a matematização das grandezas físicas é uma *construção*, mas era exatamente assim que, de fato, a praticava.)

Sendo assim, um elo estreito (mais estreito do que hoje) continuava a unir a matemática e a física. A matemática era dotada de um estatuto natural, que a fazia conceber como se formando, com seu objeto, a partir de abstrações relativas aos objetos físicos, simplesmente despojando pouco a pouco estes últimos de suas propriedades sensíveis. A matemática estava enraizada entre as ciências do real, se considerada tanto do ponto de vista de sua origem histórica quanto do de uma "genética das idéias" proposta na esteira de Locke e Condillac. Eis por que, para d'Alembert como para outros cientistas de seu tempo, ela permanecia inseparável da consideração dos problemas físicos (já constatamos a ausência de ruptura entre as pesquisas "matemáticas" e as "físicas", na obra de d'Alembert).

Essa era a razão pela qual, em sua opinião, ao se aplicar o método matemático a outras ciências, "concluir-se-á que a verdade e a certeza se manifestam igualmente a qualquer um que reduzir tudo à forma regular das demonstrações". Se a matemática constitui a mais certa *das ciências da natureza*, é por causa do caráter de notável simplicidade de seu objeto:

> Nas ciências *naturais*, só a *matemática* tem seu objeto absolutamente suscetível de demonstração: isso decorre

da simplicidade desse objeto e das hipóteses sob as quais ele é considerado. Nas outras ciências, as provas são ou puramente conjeturais ou em parte conjeturas e em parte demonstração.[3]

Quanto à aplicação da matemática aos diferentes ramos das outras ciências, ela de forma alguma poderia ser feita de maneira mecânica e sem discernimento, mas dependeria da natureza dos objetos considerados. A observação seguinte constitui um resumo da possibilidade de matematizar a física:

> A maioria das propriedades dos corpos tem entre si relações mais ou menos marcadas que podemos comparar [...]. Em geral, é com a ajuda da geometria e da análise que se chega a determinar a quantidade de um efeito que depende de outro efeito mais bem conhecido. Essa ciência, portanto, quase sempre nos é necessária na comparação e no exame dos fatos descobertos pela experiência.

D'Alembert exigia ao mesmo tempo dos geômetras "que não erigissem levianamente fórmulas algébricas em verdades ou proposições físicas" (verbete "Fluido") e declarava que, para aplicar o cálculo à física, era preciso recorrer à experiência ou buscar o auxílio de hipóteses em conformidade com a natureza (verbete "Aplicação da geometria e da análise à física"). Na física, a matemática é a tradução de proposições, mas "reconhecendo o mérito real da tradução matemática de uma proposição [deve-se reconhecer igualmente] que esse mérito reside, originariamente, na própria proposição" (*Discurso preliminar da Enciclopédia*).

---

3. Verbetes "Método", "Demonstração" (grifos meus, M. P.).

Seu objetivo era ampliar e unificar as ciências, baseando-se em princípios seguros, sabendo, ao mesmo tempo que isso equivalia a limitar seu campo de investigação, pois estava demasiado preocupado em definir com exatidão a legitimidade da aplicação desses princípios ou de uma teoria dada para ser reducionista, e respeitava a especificidade das outras ciências e disciplinas.

Devemos igualmente a d'Alembert elaborações aprofundadas sobre o caráter da teoria física e sua relação com a experiência, que esclarecem seu próprio percurso em busca da fundação de uma física "matemática", prefigurando e preparando esta de Laplace, Fourier, Poisson... A reflexão de d'Alembert sobre a natureza da relação entre a física e a matemática inova em relação às concepções de Descartes e de Newton, muito diferentes entre si, sem dúvida, mas para as quais, mesmo no caso de Newton, a relação ainda era muito qualitativa.

Para d'Alembert, a implicação mútua aumenta com o cuidado pela precisão e o detalhe: suas pesquisas sobre o problema dos três corpos são características nesse aspecto. A propósito delas, escreve, no verbete "Atração":

> Não é bastante, para uma hipótese, que ela satisfaça os fenômenos por atacado, por assim dizer, e de maneira vaga: os detalhes são a pedra de toque.

Ele falava disso, como vimos, como verdadeiro ourives. Entretanto, a questão da utilidade da matemática para as outras ciências era objeto de grande controvérsia na época, e uma concepção oposta à de d'Alembert manifestava-se cada vez com maior força, com o aparecimento e o desenvolvimento de ciências que se constituíam sobre bases diferentes das bases da física, como as ciências da vida e as ciências humanas e sociais. A matemática tinha garantido sua supremacia no campo das idéias com Descartes,

Pascal, Leibniz, Malebranche, Newton, prosseguindo pelos seguidores imediatos deste último, a ponto de ser apresentada, com freqüência, como modelo de toda a ciência, mas esse quase-monopólio encontrava-se desde então sob forte ataque. O debate entre d'Alembert e Diderot, por intermédio de verbetes da *Enciclopédia*, representa muito bem o problema nos termos em que ele se colocava, ultrapassando suas personalidades e as eventualidades de seus empreendimentos.

"O que é um matemático? Um homem que põe seus sonhos em equação", declarava Diderot em 1765. Empirista, e próximo das idéias de Francis Bacon, ele se opunha à abstração tal como a concebia d'Alembert, isto é, como a forma mais elevada do conhecimento seguro. As sensações, para ele, extravasavam a razão; e ao mesmo tempo seu interesse se dirigia mais para as questões morais, sociais e políticas. Sensível à efervescência das idéias e dos acontecimentos, parecia-lhe que a matemática não era suficiente para dar conta deles. Diderot, que expressou suas primeiras críticas à matemática em sua *Carta sobre os cegos*, de 1749, levou-as ainda mais longe nos cinco últimos capítulos de seus *Pensamentos sobre a interpretação da natureza* (1753).

No seu entender, o espírito de cálculo defendido por d'Alembert não passava de uma outra metafísica, que deveria ser refutada tanto quanto o espírito de sistema. Embora reconhecendo o valor do que havia sido feito em matemática, onde via monumentos da cultura comparáveis às colunas de Hércules ou às pirâmides do Egito, ele avaliava que o tempo da matemática tinha passado e que esta em breve ficaria ultrapassada; tornada inútil, essa ciência se extinguiria com o século (a idéia de que a matemática era um edifício concluído tinha sido expressa anteriormente pelo próprio Leibniz, em 1714).

O reino da matemática não existe mais. O gosto mudou. Hoje é o da história natural e das letras que domina. D'Alembert, com a idade que tem, não há de se lançar no estudo da história natural...[4]

A matemática levava a um impasse, pois a ciência moderna – a química, as ciências naturais, a anatomia, a história – tomava agora outros caminhos.

Diderot renovou suas críticas no verbete "Enciclopédia" (1755), e d'Alembert respondeu-lhe com os verbetes "Experimental" (1756), "Geômetra" e "Geometria" (1757). A matemática, replicava ele às acusações de seu colega, não destrói a imaginação, nem a arte, nem as faculdades de expressão, e sua dificuldade não constitui um critério negativo, ao contrário: é preciso esforço para compreender. Ela é um excelente exercício intelectual: o "espírito geométrico" é o do método e da ordem. Longe de ser uma construção arbitrária e gratuita, a matemática é a chave do conhecimento do que é mensurável e permite, por meio de provas rigorosas, atingir uma certeza, uma verdade de conjunto e uma iluminação da razão; ela está ligada à realidade, da qual permite a melhor expressão.

Quando Diderot, Buffon e outros recusavam a supremacia absoluta da matemática, era para reconhecer um tipo de cientificidade distinto daquele da mecânica definido por sua matematização e outros critérios epistemológicos para outras ciências: a recusa da matemática nesse caso era legítima e, nesse aspecto, o debate seria fecundo. D'Alembert, aliás, não discordava disso; ele advertia incessantemente contra a aplicação sem discernimento da matemática, lembrando, por exemplo, que "é à simplicidade de seu objeto que a geometria deve sua certeza;

---

4. Diderot, carta a Voltaire, 19 de fevereiro de 1758, in Denis Diderot, *Correspondance*, ed. Roth, vol. II, p. 38-9.

à medida que o objeto se torna mais complexo, a certeza se obscurece e se distancia; é preciso, portanto, deter-se ante o que se ignora". Mas ele próprio não se sentia muito atraído por esses novos campos do conhecimento. Entretanto, os adversários da primazia da matemática recusavam-na para a própria física, dando provas, além do mais, de uma concepção estreita da matemática, que não imaginava a possibilidade de sua renovação.

D'Alembert mantinha com firmeza sua convicção quanto à utilidade fundamental e primária da matemática, cuja principal função era, em sua opinião, a de racionalidade, como exemplo e instrumento do exercício da razão. Sem recusar a importância de outros campos do conhecimento, ele se apegava, por sua escolha, à certeza assegurada que a matemática dá à física, e que não era de modo algum diminuída pelo aparecimento de novos campos do conhecimento.

> O espírito geométrico é o espírito de método e de precisão [...]. Que nasçam, se possível, geômetras entre [esses] povos [que se encontram sob o jugo do obscurantismo]; será uma semente que produzirá filósofos com o tempo e quase sem que se perceba.

Esse espírito, afirmava ele, vai bem além da aplicação a uma esfera estreita (que é habitual nos "espíritos geômetras"), ele educa o raciocínio seguro, ensina a desconfiar das analogias vagas (que tanto agradavam Diderot). Defendendo a matemática, d'Alembert fazia mais do que afirmar os fundamentos das ciências exatas: ele proclamava a abstração racional como essencial para qualquer conhecimento, como caminho de toda cientificidade, diríamos nós hoje.

Evocamos anteriormente, a propósito de suas pesquisas matemáticas e físicas, as interrogações de d'Alembert sobre a natureza dos princípios e dos conceitos, e as clarificações epistemológicas que ele tentou lhes dar. É útil, agora, retomarmos algumas delas.

O *cálculo diferencial e integral*

Sendo o cálculo diferencial e integral a própria substância da análise, era natural que d'Alembert se debruçasse sobre suas noções fundamentais, que, na época, não eram nada claras nem universalmente aceitas. Os infinitamente pequenos tinham sido, por muito tempo, um obstáculo ao desenvolvimento e à compreensão do cálculo; basta invocar os "indivisíveis" de Cavalieri, infinitamente pequenos concebidos como quantidades finitas para que pudessem ser utilizados como tais, mas ao custo de contradições insolúveis. As grandezas diferenciais do cálculo leibniziano tinham dado provas de um poder operatório notável, mas ninguém sabia conceituá-las claramente. Berkeley as havia condenado, e os debates entre Leibniz, Fontenelle e outros sobre o assunto tinham ficado inconclusos.

Se a "metafísica" do cálculo diferencial, isto é, a exposição de seus fundamentos, era difícil de desenvolver, sua necessidade não era por isso menos sentida por d'Alembert, e o que estava em jogo era muito importante.

> [Se se considera] que todas as verdades que se descobrem com o auxílio da geometria ordinária também podem ser descobertas, e com muito maior facilidade, por meio do cálculo diferencial, não se pode deixar de concluir que, como esse cálculo fornece métodos seguros, simples e exatos, os princípios dos quais ele depende também devem ser simples e exatos.

A dificuldade conceitual estava na noção de infinitamente pequeno, intuitiva e vaga, que não parecia diretamente suscetível de uma abordagem precisa. Leibniz e seus sucessores imediatos (assim como, aliás, o próprio Newton) falavam de "quantidade evanescente". D'Alembert se insurgia contra a definição proposta para uma quantidade infinitamente pequena, "a que evanesce, considerada não antes de evanescer, não depois de ter evanescido, mas no próprio momento em que evanesce". Uma quantidade, criticava ele, ou é alguma coisa ou não é nada, e não poderia ser um estado intermediário entre os dois. Segundo ele, o caminho para a solução se encontrava na direção conceitual das *fluxões* de Newton, que este último considerava "como o aumento momentâneo de uma quantidade". Se a notação leibniziana era mais cômoda, a "metafísica" do cálculo diferencial indicada por Newton parecia-lhe superior, ainda que a fluxão newtoniana, que devia seu nome à idéia de movimento, espelhasse as realidades cinemáticas; introduzir o movimento na noção geométrica de fluxão, observava d'Alembert, era colocar nessa noção uma idéia que não lhe diz respeito, não necessária à demonstração.

É a d'Alembert que devemos, de fato, os primeiros ensaios no sentido de uma "metafísica" racional do cálculo diferencial, em relação à sua tentativa de definição exata do limite (ver capítulo 5). O limite esclarecia a noção de fluxão e dava um sentido operatório às grandezas diferenciais. Ele permitia considerar o cálculo diferencial não como cálculo de quantidades infinitamente pequenas, mas "como o método de encontrar o limite das relações" entre tais quantidades.

De forma que, se falamos de quantidades infinitamente pequenas, é apenas uma maneira de se falar; é uma expressão abreviada e obscura de uma coisa "muito clara e simples", a saber: os limites das relações. O cálculo diferencial não trata de quantidades infinitamente pequenas – que não são quantidades reais, mas sim "noções simples" –, mas somente de limites de quantidades finitas. Todo mistério era com isso eliminado, avaliava d'Alembert, e a metafísica vaga dos primórdios do cálculo e da análise podia ser rejeitada sem danos, e substituída por sua verdadeira "metafísica", que adquiria o sentido da análise epistemológica. A lição disso, para d'Alembert, tanto nesse campo como em outros, era a seguinte:

> A verdade é simples e sempre pode ser posta ao alcance de todos, quando se quer dar ao trabalho de fazê-lo.

A noção de infinito

Desse tipo de operações mentais, que se abreviam por economia de expressão, dependia igualmente, segundo d'Alembert, a noção de infinito, que ele considerava sobretudo em relação ao cálculo infinitesimal. À primeira vista, a idéia de infinito é negativa:

> Temos idéias distintas e diretas apenas de grandezas finitas; quanto ao infinito, conhecemo-lo apenas por uma abstração negativa e por uma operação por assim dizer negativa de nossa mente, que não leva em conta os limites da coisa que consideramos infinita.

E ainda:

> Concebemos o infinito unicamente pela negação do finito; a própria palavra infinito é uma prova disso.

Trata-se pois de uma noção vaga, e "imperfeita em nós", que não difere absolutamente, na verdade, da noção de "indefinido", entendendo-se com isto "uma quantidade vaga à qual não se atribuem limites"; para conceber o infinito, é preciso fazer uma abstração mental dos limites de uma extensão finita, ou de um número finito, ou de uma duração finita, etc. Descartes distinguia, ao contrário, "indefinido" de "infinito", este último sendo sinônimo de perfeição (*Princípios da filosofia*, primeira parte); essa problemática, porém, não era mais a de d'Alembert. Mas o infinito podia, em sua opinião, ser concebido de maneira diferente da que se concebe o indefinido. Podia ser visto como uma noção abstrata que comporta um valor positivo, ultrapassando a questão dos *limites*, ou de sua supressão, pela de limite matemático, assintótico, do *finito*:

> O infinito, tal como a análise o considera, é propriamente o limite do finito, isto é, o término rumo ao qual o finito tende sempre, sem jamais o alcançar.[5]

Nessa acepção, o termo "infinito" resume uma série de operações mentais que correspondem a um processo abstrato e complexo. Falar de uma curva como de um polígono de uma infinidade de lados, por exemplo, é querer dizer que essa curva "é o limite dos polígonos que é possível inscrever-lhe e circunscrever-lhe", o termo "limite" servindo apenas para resumir um processo de aproximações que deveria, numa linguagem estrita, ser descrito de maneira expressa. O fato de se empregar unicamente o termo "infinito" para resumir essa seqüência de operações mentais apresenta uma vantagem evidente, ficando o processo recoberto por essa palavra como garantia de que a noção que ela exprime é "clara, simples e precisa".

---

5. Um século mais tarde, Riemann proporia uma distinção entre o caráter limitado ou não de uma grandeza geométrica e seu caráter finito ou infinito, sendo o primeiro de natureza topológica, e o segundo de natureza métrica. A distinção de d'Alembert, ainda que pensada num contexto diferente, não deixa de estar relacionada com esta.

O infinito não passa, no final das contas, de uma maneira abreviada de se exprimir, e não se deve dar a essa palavra um conteúdo metafísico estranho à seqüência de operações que ela exprime: não há metafísica na noção de infinito, mas somente uma definição matemática muito clara e isenta de ambigüidade.

A noção de infinito era assim, para d'Alembert, correlativa à de limite, concebida como o término – inatingível – de uma série de aproximações sucessivas tão prolongadas quanto se deseje, quantidade real que aparece quando se define a derivada, determinando a tangente num ponto de uma curva: a derivada não passa do limite da relação entre a diferença das ordenadas e a das abscissas, quando estas se tornam infinitamente pequenas:

> Desde que essas diferenças não sejam absolutamente nulas, a relação não é exatamente igual a esse limite; e [...] quando elas são nulas, não há mais relação propriamente dita; pois não existe relação alguma entre duas coisas inexistentes.

Mas nem por isso o limite deixa de existir realmente:

> A relação entre diferenças infinitamente pequenas não passa de uma maneira abreviada de exprimir uma noção mais exata e mais rigorosa, o limite da relação das diferenças finitas...

Os *princípios* e os *conceitos físicos*

Sobre a questão dos princípios físicos, o que foi dito nos capítulos correspondentes a suas pesquisas é bastante esclarecedor. Os princípios físicos fundamentais são racionalmente justificados pela natureza dos corpos, tal como os três princípios gerais do movimento.

Tudo o que vemos com nitidez no movimento de um corpo é que ele percorre um certo espaço e que emprega um certo tempo para percorrê-lo. É, portanto, dessa única idéia que se deve extrair todos os princípios da mecânica quando se quiser demonstrá-los de maneira clara e precisa.

O "programa" de d'Alembert, que ele baseava nessa demonstração suposta, era o de reduzir a mecânica, a astronomia e, de maneira geral, tudo o que ele concebia como física suscetível de ser teorizada matematicamente (em particular a hidrodinâmica), a um pequeno número de princípios fundamentais, tão mais fecundos quanto fossem gerais. Descobrir os princípios próprios de uma dada ciência era a condição de sua teorização, cumprida pela matematização. Ele resumia, de certo modo, seu procedimento de físico teórico ao declarar:

> Busquei os princípios da resistência dos fluidos como se a análise não devesse participar disso de modo algum; e, uma vez encontrados esses princípios, tentei aplicar a eles a análise.

Tratava-se de eliminar, com isso, toda consideração supérflua, como ele lembrava, por exemplo, na introdução a seu *Ensaio de uma nova teoria da resistência dos fluidos* (1752):

> A teoria que exponho nesta obra tem, parece-me, a vantagem de não se apoiar em nenhuma suposição arbitrária.

Entre tais suposições figurava, como vimos, o princípio da conservação das forças vivas, que ele "pôs em seu devido lugar" ao demonstrá-lo a partir dos três outros, ou certas hipóteses particulares que ele procurou dispensar, por meio da análise (por exemplo, sobre a constituição de um fluido).

No que diz respeito aos conceitos físicos, tratava-se igualmente de banir tudo o que eles pudessem ter de vago ou de "metafísico". O teórico teria atingido seu objetivo assegurando a autonomia de sua ciência, matematizada unicamente com base na consideração de seu objeto definido em termos de conceitos. Foi o que d'Alembert fez com a mecânica e as outras ciências do movimento dos corpos unificadas a seu redor com o mesmo propósito de racionalização. No entanto, esses próprios conceitos não estavam sempre claros em suas definições. A clarificação deles que ele alcançava por seu exame crítico jamais chegava a uma total transparência, o que era normal, a seus olhos, na medida em que eles apresentavam, como *conceitos físicos*, propriedades sensíveis que conhecemos pela experiência. Esta última é obscura e, para ter acesso à clareza do entendimento, deve-se abstrair o objeto de suas propriedades sensíveis. O conhecimento teórico é, assim, o único capaz de produzir a compreensão dos fenômenos dados na experiência, reduzindo seus objetos a conceitos ou noções simples.

O objetivo da física não era resolver essa obscuridade, cujo exame nos remeteria à metafísica, mas determinar com precisão as relações entre conceitos.

> As propriedades sensíveis dos corpos que nos rodeiam mantêm entre si relações mais ou menos marcadas, cujo conhecimento é quase sempre o termo prescrito a nossas luzes e deve ser, por conseguinte, nosso principal objetivo no estudo da física. Em vão a experiência nos instruirá sobre um grande número de fatos: as verdades dessa espécie nos serão quase inteiramente inúteis, se não nos aplicarmos cuidadosamente a descobrir sua dependência mútua, a fazer apreender, tanto quanto possível, o tronco

principal que os une, a descobrir mesmo por meio deles outros fatos mais ocultos, e que parecem se furtar a nossas pesquisas. Esse é o objetivo que o físico deve propor a si mesmo; estas são as perspectivas pelas quais ele se pode mostrar verdadeiramente filósofo.[6]

Nessa perspectiva, as hipóteses puramente empíricas ou muito particulares não eram de grande ajuda; dever-se-ia abster delas tanto quanto possível, ainda mais pelo fato de elas serem indecidíveis e se relacionarem a noções de essência ou de natureza íntima dos corpos. D'Alembert pensava que jamais seria possível pronunciar-se com certeza sobre uma hipótese como a teoria cinética de Daniel Bernoulli, na qual não via mais que uma conjetura, sem dúvida imaginativa, mas sem um verdadeiro fundamento. Isto posto, ele admitia que se pode suprir a falta de certos conhecimentos – por exemplo, no caso dos fluidos, o problema da forma e da disposição de suas partes – por um conhecimento puramente experimental das leis, no aguardo de princípios mais firmes ou de propriedades mais bem estabelecidas...

A *atração*

O conceito de atração ocupa, no pensamento epistemológico de d'Alembert, um papel característico, relativamente à sua concepção da natureza da racionalização em física. A atração (instantânea) à distância que transportava de um ponto material a outro a ação de gravitação, introduzida por Newton não sem ambigüidades conceituais, fora criticada pelos cartesianos como tentativa de reintroduzir as qualidades ocultas que tinham sido banidas da

---

6. Início do Prefácio ao *Tratado do equilíbrio e do movimento dos fluidos* (1744).

física. A única causa concebível de uma ação entre corpos, para Descartes e seus discípulos, era o impulso por contato. Mas a teoria de Newton tinha invalidado a hipótese cartesiana dos turbilhões, e os cálculos mais precisos feitos sobre a atração recíproca entre diversos corpos tinham consolidado ainda mais os fundamentos da lei newtoniana da atração universal de gravitação. Ao adotar plenamente o conceito newtoniano de atração (ele até o admitia, sem as restrições que Newton lhe impunha, como uma propriedade da matéria), o racionalismo de d'Alembert efetuava sua ruptura mais visível com o de Descartes a propósito da concepção da causalidade.

Fosse qual fosse o grau de sua matematização, os conceitos físicos continham sempre, para d'Alembert, uma porção inevitável de obscuridade, que ia a par com a crítica da causalidade, visto que a causa dos fenômenos estava ligada a essa porção obscura. A atração, cuja causa não conhecemos e sequer podemos imaginar, é trazida a nosso conhecimento por seus efeitos, que se exprimem na lei do movimento dos corpos celestes, governada pela lei da força de gravitação (produto das massas e inverso do quadrado da distância). Sua forma matemática testemunha seu caráter racional, apesar de sua obscuridade do ponto de vista da causalidade. Indubitável a partir de então por seus próprios efeitos, a atração nos instrui sobre o caráter não evidente, e no entanto racional, dos conceitos abstratos da física.

D'Alembert expôs, no verbete "Atração", que a lei do inverso do quadrado poderia não passar de uma aproximação, que essa concordância entre o cálculo e a observação é apenas relativa, que os diferentes pontos do sistema do mundo concordariam do mesmo modo com uma lei que fosse um pouco diferente, mas que seria ridículo "mudar uma lei apenas por esse motivo". É que a lei deve representar alguma necessidade que a sustente e lhe proporcione sua forma, do mesmo modo que ela faz da teoria algo completamente diferente da simples recapitulação dos dados da observação ou da experiência. Não é, de fato, que os fenômenos não tenham causas, é que nós as ignoramos. Mas a ignorância das causas não afeta o conhecimento das leis.

A obscuridade do conceito de atração deve-se apenas à dúvida que existe sobre sua causa: mas o mesmo se passa com a maioria dos conceitos da física, mesmo aqueles cujas causas parecem evidentes, e a dúvida pode também lhes ser estendida. Tal é o caso do movimento dos corpos produzido por contato ou impulsão, que se relaciona à noção de impenetrabilidade, cujos mecanismo e razão também são ignorados. Também ignoramos a natureza dos objetos das outras ciências físico-matemáticas, ainda que formemos sobre elas conceitos pelos quais as matematizamos: a natureza da luz, a do som, o caráter dos líquidos e dos corpos fluidos são outras tantas obscuridades em relação às quais temos de correr um risco; e, entretanto, esses conceitos assinalam o caráter físico, dado de antemão, desses objetos, e resistem à transparência das relações matemáticas.

A crítica epistemológica entre a ciência e a filosofia

A crítica epistemológica de d'Alembert apresenta esse interesse, novo para a época: o de não ser uma aplicação, para as ciências, de uma filosofia normativa da qual elas seriam as servas; ao mesmo tempo, não se apresenta como simples reflexão de uma prática científica: ela se afirma sobretudo como uma instância de análise crítica entre as duas, a ciência de um lado, a filosofia de outro. A crítica metodológica e conceitual de d'Alembert sobre os objetos das ciências vincula-se a uma filosofia do conhecimento, e mesmo a uma filosofia mais geral sobre a existência e sobre o ser, mas recusa propor-se como uma metafísica.

Essa análise crítica indica uma nova maneira de conceber as relações entre o conhecimento científico e a filosofia: ela parece nascer de uma parte flexível e distendida comum a ambos, formando sobre esta seu próprio espaço, doravante mais bem delimitado e garantido, que sempre se poderá continuar a debater para saber se ele pertence mais a um que ao outro domínio.

O que parece quase certo é que esse espaço não poderia ser, pelas próprias condições de sua constituição, estranho a nenhum dos dois, como uma marca visível da relativa autonomia de agora em diante adquirida, e sim deveria haver uma mútua implicação, que se confirmava ao mesmo tempo necessária, das ciências e da filosofia. Ao especificar-se segundo suas modalidades próprias, as ciências modernas e sua análise crítica (sua epistemologia) procediam então com um mesmo movimento de racionalização que encontrava seu fundamento em uma concepção da natureza e da razão própria à filosofia iluminista.

10
Teoria do conhecimento e crítica da metafísica

As preocupações de d'Alembert quanto às questões epistemológicas (no sentido da crítica dos conceitos e dos procedimentos empregados pelas ciências), tais como acabamos de apresentá-las, ocupam um lugar entre seu trabalho científico propriamente dito e suas concepções filosóficas (centradas nos problemas do conhecimento) e metafísicas (relativas aos problemas da existência e do ser). Para retomar essas duas últimas em seu conjunto, é útil começar por lembrar seus momentos marcantes.

Podem-se distinguir três períodos no desenvolvimento das idéias filosóficas de d'Alembert. O primeiro é o que precede a redação do *Discurso preliminar da Enciclopédia*, marcado por uma intensa atividade científica, mas no qual as preocupações filosóficas não estão de modo algum ausentes. Elas transparecem sob as considerações epistemológicas, nos prefácios e introduções de suas primeiras grandes obras científicas, e seu interesse pela filosofia propriamente dita anuncia-se em suas cartas a Gabriel Cramer. Os escritos desse período compreendem os estudos críticos sobre os conceitos matemáticos e físicos e sobre a natureza dos problemas estudados, relacionados à sua formulação, aos princípios da disciplina dos quais dependem, e das condições de sua matematização.

O segundo período abre-se com o *Discurso preliminar* e os verbetes dos primeiros volumes da *Enciclopédia*. Esses textos, que revelam a ampliação do horizonte intelectual do geômetra tornado filósofo, desenvolvem uma filosofia do conhecimento, esboçam elementos históricos sobre o progresso das ciências, e anunciam temas que se ampliariam ainda mais a seguir.

O terceiro período viu a publicação de seus principais verbetes da *Enciclopédia*, especialmente "Elementos de ciências" (publicado no volume 5, em 1755), traço de união entre o *Discurso preliminar*, de 1751, e o *Ensaio sobre os elementos de filosofia*, de 1759. O conteúdo dos verbetes da *Enciclopédia*, cuja redação estendeu-se por uma década, corresponde aos diferentes aspectos – científicos, críticos (epistemológicos), filosóficos – sob os quais d'Alembert tratava os assuntos de matemática, astronomia e física; aos quais se acrescentam os artigos sobre assuntos mais gerais de filosofia, de educação, etc. D'Alembert expunha essas questões de maneira não especializada, acessível a um grande público instruído, mas com rigor e detalhes, levando em conta os conhecimentos adquiridos, sua evolução, os problemas que elas traziam, segundo uma verdadeira "vulgarização" concebida numa perspectiva crítica. Tratava-se, antes de tudo, de "fazer aprender a pensar", apresentando os princípios e conseqüências de tais conhecimentos, inclusive os obstáculos opostos pelas concepções anteriores, os preconceitos filosóficos ou os dogmas religiosos.

O *Ensaio sobre os elementos de filosofia*, que retoma ocasionalmente a substância dos prefácios de suas obras científicas, constitui o ponto culminante de suas contribuições filosóficas. Ele foi seguido, em 1765, por *Esclarecimentos ao Ensaio sobre os elementos de filosofia*, que contém importantes desenvolvimentos sobre a análise crítica dos conceitos físico-matemáticos e sobre a filosofia do conhecimento.

Os traços gerais da filosofia expressa nessa obra, situada no âmbito da revolução científica do século XVII, podem ser resumidos como: uma profissão de fé antiescolástica e antimetafísica, ligada aos combates dos filósofos e dos enciclopedistas; uma psicologia das sensações tributária de Locke e de Condillac, que relaciona as idéias tanto aos dados psicofisiológicos como aos objetos reais que as ocasionam; um racionalismo herdado diretamente de Descartes, subtendido pela convicção, elevada a postulado, da unidade tanto do pensamento como da natureza; mas ao mesmo tempo uma submissão aos dados da natureza, posto que nada é inato.

Uma filosofia naturalista do conhecimento

A partir do *Discurso preliminar da Enciclopédia*, d'Alembert esboçava uma filosofia naturalista do conhecimento, fundada nas sensações, e abordada de um duplo ponto de vista, genético e histórico. Sob o primeiro ponto de vista, ele propunha uma descrição da "genealogia e filiação dos conhecimentos", isto é, da "origem e geração de nossas idéias". O *Discurso preliminar*, em seu conjunto, propõe um exame estrutural do corpo dos conhecimentos em todas as suas ordens, a fim de determinar as relações que estes últimos mantêm uns com os outros e descrever a cadeia que os reúne de um ponto de vista lógico, supondo este último como se sobrepondo ao ponto de vista genético. Os problemas epistemológicos e filosóficos encontrados nesse trajeto estariam presentes em toda a obra posterior de d'Alembert, que os desenvolveu e aprofundou de acordo com sua perspectiva quanto à natureza e à função do saber. Sob o segundo ponto de vista (desenvolvido na segunda parte do *Discurso preliminar*), o conhecimento constitui uma aquisição progressiva no decorrer de um processo histórico.

A teoria psicológica (na verdade, psico-*lógica*) das relações entre a natureza e a consciência exposta assim de imediato retomava as concepções expostas por Locke no *Ensaio sobre o entendimento humano* (1690), a saber, a crítica das idéias inatas de Descartes e a afirmação da sensação e da reflexão como as duas fontes da vida mental:

> Nossos conhecimentos são diretos ou reflexivos; é a nossas sensações que devemos todas nossas idéias.

Tais idéias eram próximas das que Condillac exprimiria alguns anos mais tarde em seu *Tratado das sensações*.

> Nossas idéias são o princípio de nossos conhecimentos e elas têm seu princípio em nossas sensações; essa é uma verdade da experiência,

repetia ele, com maior precisão, nos *Elementos de filosofia*. O primeiro conhecimento que devemos a nossas sensações, como está dito tanto no *Discurso preliminar* quanto nos *Elementos*, é a consciência de existir (o que soa bastante cartesiano). O segundo é a existência dos objetos exteriores. Este segundo conhecimento fundamenta a validade da ciência, ao passo que o primeiro legitima o exercício do pensamento e, em especial, do pensamento racional. A certeza do segundo não nos é inata, mas se forma em nós a partir da multiplicidade, da coerência e da constância dos testemunhos das sensações que se impõem a nós independentemente de nossa vontade. Entretanto, isso ainda não seria suficiente (poderia não passar de um empirismo intersubjetivo), e d'Alembert logo faria a sua crítica: não há, afirmou ele, relação direta entre uma sensação e o objeto que a ocasiona, e nenhum raciocínio lógico pode dar conta da passagem da primeira ao segundo: apenas um "instinto" profundamente ancorado em nós nos assegura do elo entre o real e o pensado, esse mesmo instinto que fundamenta o poder de uma razão que se revela pela iluminação da evidência, razão enraizada, segundo d'Alembert, na natureza.

Esse "instinto" é relacionado, nos *Elementos de filosofia*, aos "fatos da alma", simples por natureza, e aos quais podemos ter acesso pela auto-observação:

> Basta portanto estudarmos a nós mesmos para encontrar em nós todos os princípios que servirão para resolver a grande questão da existência dos objetos exteriores.

Como a existência independente dos objetos exteriores é um fato que se impõe ao conhecimento e do qual este deve em seguida partir, ela é um dos princípios do conhecimento. (Observa-se, nesse posicionamento de d'Alembert, uma retomada, não assinalada, da "Sexta meditação" de Descartes e uma crítica explícita a Berkeley.)

Por outro lado, não podemos conhecer a natureza da sensação e a das idéias que ela ocasiona, nem transpor o fosso entre as impressões dos sentidos e a formação das idéias. Isso se deve ao caráter metafísico e insolúvel das questões de natureza e de essência, que se aplica, assim, à natureza do conhecimento. Mas, seja qual for o meio pelo qual as idéias são adquiridas, pode-se descrever o processo mental de formação das "idéias simples gerais" que são os conceitos: é um processo de abstração a partir da realidade material, por decomposição das idéias complexas imediatamente propostas pelos sentidos em noções simples (tanto em d'Alembert como na análise de Condillac). Essas abstrações encontram-se apenas em nossa mente, e "fora de nós existem realmente apenas seres particulares".

A abstração e a genealogia das ciências

Por meio dessas sucessivas abstrações, d'Alembert estava em condições de propor uma genealogia das ciências e uma classificação destas últimas fundada na primeira. Despojando-se os corpos reais de suas propriedades sensíveis e físicas, passa-se do objeto ao volume e às grandezas de espaço e, portanto, da física à geometria, depois aos números e à aritmética e, enfim, às relações de grandezas, isto é, à álgebra:

> Por meio de sucessivas operações e abstrações de nossa mente, despojamos a matéria de quase todas as suas propriedades sensíveis para considerar, de certa forma, apenas o seu fantasma.

Eis por que o ideal de verdade matemática, obtido pela máxima abstração, não era mais a geometria, nem sequer a aritmética, mas sim a álgebra, essa "aritmética universal", a mais simples e luminosa teoria das relações e proporções entre números ou grandezas abstratas a que se reduz, tanto quanto se possa, a expressão dos problemas na matemática e na física. Essa passagem dessacralizava o papel da matemática, que não aparecia mais como *ideal* no sentido de absoluta, mas somente como *racional*, servindo de *representação* – a mais concorde possível com a razão, a mais certa, em vista da simplicidade de seu objeto (o de uma "ciência puramente intelectual e abstrata, cujo objeto absolutamente não existe fora de nós").

O advento da Análise, no sentido da geometria analítica e, depois, no de cálculo diferencial e integral, tinha consumado essa mudança de ponto de vista. "Método de resolver os problemas matemáticos reduzindo-os a equações", pelo emprego da álgebra – cálculo das grandezas em geral – a Análise preenchia uma função unitária ao prover os meios para abranger numa única perspectiva uma totalidade complexa, considerada em todos os seus elementos.

> A Análise, colocada num ponto de vista mais elevado, vê, por assim dizer, essa estrada [difícil, tortuosa, confusa, da geometria] num único golpe de vista.

A Análise apresentava de maneira excelente o modelo da função de unificação, que é a própria função do conhecimento. Ela fornecia os melhores exemplos da progressão lógica do raciocínio, convertia argumentos complexos e múltiplos em signos que combinava, e concentrava, numa área restrita, um grande número de proposições, de "verdades", de modo que, "pelo estudo de uma única linha de cálculo, pode-se aprender em pouco tempo ciências inteiras, que de outra maneira só poderiam ser aprendidas em muitos anos".

Ao término do processo de abstração encontra-se, então, a matemática, cujo objeto, mais transparente à razão, corresponde de forma exemplar a essa "substância simples" que era, para d'Alembert, o pensamento. Tomada de empréstimo a Locke, a "física da alma", à qual cabe particularmente o estudo dos processos de abstrações sucessivas, mantém relações com a física dos corpos, da qual ela é distinta; essa distinção assegurava, nas concepções de d'Alembert, a autonomia das ciências em relação às construções de idéias *a priori*. Por outro lado, a transparência postulada dos fatos da alma implicava a possibilidade de uma racionalização total dos objetos do conhecimento, tais como suas próprias tentativas de demonstrar racionalmente as leis gerais do movimento dos corpos.

Entretanto, o grau de abstração, que determina o objeto geral de uma ciência, não é suficiente para caracterizá-la em seus objetos particulares: o rigor do raciocínio pede que se dê uma definição destes, mesmo quando parecem conceitualmente evidentes:

> Pois não se poderia conhecer as propriedades das linhas retas e das superfícies planas sem partir de alguma propriedade simples dessas linhas e dessas superfícies, que pudesse ser percebida à primeira vista pela mente e, por conseguinte, tomada como sua definição. (*Elementos de filosofia*)

Não é possível contentar-se em representar uma linha reta pela imagem grosseira de um fio esticado, por exemplo: apenas uma definição matemática e abstrata, tal como "a linha mais curta que leva de um ponto a outro numa superfície plana" permite deduzir as propriedades da linha reta (verbete "Geômetra").

Tais definições não constituíam, na opinião de d'Alembert, uma *axiomática* ou um jogo gratuito: elas deviam permanecer articuladas às propriedades do real sensível. Partindo da realidade, a representação só admite a abstração como uma etapa; é preciso, em seguida, voltar atrás, recompor novamente as percepções, rematerializar de algum modo o fantasma.

> [Os seres reais] são aqueles cujo estudo mais nos importa e as abstrações matemáticas tornam mais fácil seu conhecimento; mas elas são úteis apenas quando não nos limitamos a elas. (*Discurso preliminar*)

Assim, a matemática traduz o real, mas um real abstrato, o único que poderíamos conhecer racionalmente, isto é, com alguma certeza. A qualidade é rejeitada para fora do domínio do cognoscível. A equação na qual se exprime um problema físico não é o fenômeno considerado: ela se justapõe a ele, servindo para exprimi-lo. A noção de volume, por exemplo, é a abstração de objetos concretos. As noções de superfície, de linha ou de ponto são, ao contrário, abstrações de abstração; tira-se do volume uma dimensão, depois duas, depois três:

> É, portanto, por uma simples abstração da mente que o geômetra considera as linhas como sem largura, e as superfícies como sem profundidade. (*Elementos de filosofia*)

Estas não correspondem mais a objetos físicos, mas são objetos (realidades) da geometria, tendo propriedades efetivas quanto a ela. O termo "realidade" se aplica, na terminologia de d'Alembert, a outros conceitos matemáticos, como o limite, que é uma quantidade real, ao passo que a idéia de infinito – e de aproximação infinitesimal – sobre a qual ele se apóia, permanece puramente abstrata (designando uma operação).

D'Alembert não concebia a abstração dos conceitos que designam esses objetos "reais" como uma pura e simples construção mental que produz integralmente objetos de pensamento que se poderia qualificar de "abstratos-concretos".[1] Essas "realidades abstratas" eram, antes, "descobertas", preexistentes de certo modo no céu do entendimento, pois a razão matemática – como a razão em geral – *descobre* e desvenda, segundo sua concepção, muito mais do que *constrói*.

Filosofia e verdade

A epistemologia original e a filosofia do conhecimento desenvolvidas por d'Alembert não precediam suas elaborações científicas mas as acompanhavam; estas a informavam

---

1. Cf. M. Paty, *La Matière dérobée. L'appropriation critique de l'objet de la physique contemporaine*, Paris, Archives Contemporaines, 1988.

e eram por ela informadas: tratava-se, para ele, de fazer subir o edifício, sem esquecer de dar a suas fundações a solidez conveniente.

D'Alembert foi inegavelmente herdeiro de Descartes, em sua preocupação de chegar a uma racionalização total no caso da ciência do movimento, em sua busca ordenada da unidade dos fenômenos e do conhecimento, em seu racionalismo, em sua concepção da evidência, da certeza e do "instinto" (ou intuição) enraizada no pensamento de cada um e permitindo-lhe assegurar-se da realidade do mundo e de sua própria consciência. Aí, entretanto, se detinha, para d'Alembert, diferentemente de Descartes, a possibilidade de toda e qualquer fundação: a partir daí começava o domínio das questões inacessíveis ao pensamento claro, terreno próprio da metafísica.

O racionalismo de d'Alembert diferia do de Descartes por enxertar as concepções de Newton na física e as de Locke na "física da alma", enriquecida pelas contribuições mais recentes dos filósofos sensualistas (ou sensacionistas). A isso se acrescentava sua desconfiança dos sistemas metafísicos e de suas explicações globais *a priori*. A razão, para ele, possuía uma função crítica que não poderia antecipar os fenômenos, mas que permitia conhecê-los, compreendê-los, e aprofundar essa compreensão segundo as exigências do entendimento. Se a razão era natural, a natureza, em troca, era inteligível, por ser estruturada racionalmente.

Esse racionalismo caracteriza a filosofia do conhecimento de d'Alembert e marca a fronteira desta com a *metafísica*. O termo "metafísica", tal como empregado à época, tinha, na realidade, diversos sentidos; servindo, de um lado, para designar a disciplina tradicional assim nomeada (geralmente para recusá-la), e, de outro, designando, num sentido diferente, compreendido positivamente, a "ciência dos fatos da alma" e a filosofia do conhecimento.

Quando d'Alembert se dizia cético em filosofia, era na verdade apenas em relação a questões de natureza metafísica, para ele insolúveis. Pois, quanto ao resto, pode-se qualificar sua filosofia do conhecimento como racionalista e realista – talvez um realismo racional...

A afirmação de suas posições em relação a essas questões era atenuada por seu ceticismo, bastante real, e, ao mesmo tempo, por considerações de prudência. Ele pareceu professar, nos primeiros tempos, um certo deísmo, como se vê no verbete "Cosmogonia", que retoma o tema do "grande relojoeiro" de Newton e de Voltaire. Ele afirmava, entretanto, de mais bom grado e com maior constância ao longo dos anos, ser fundamentalmente cético. O estado do homem nessa vida aparecia-lhe como um enigma. A razão era impotente para se pronunciar sobre esse assunto, o que lhe permitia deixar, pelo menos na formulação, um lugar para a religião: um lugar possível, mas não confirmado – ainda mais que o combate do Iluminismo era também um combate contra o obscurantismo religioso.

Quanto a isso, entretanto, d'Alembert pregava a tolerância. Pode-se ler, no *Discurso preliminar*:

> Por mais absurda que uma religião possa parecer (censura que só a impiedade pode fazer à nossa), não são jamais os filósofos que a destroem; mesmo que ensinem a verdade, contentam-se em mostrá-la, sem obrigar ninguém a conhecê-la.

Em outra ocasião ele escreveu, em um ensaio *Sobre a verdadeira religião*:

> Querer muito bruscamente esclarecer homens encerrados nas trevas não é apenas arriscar-se a cegá-los, é arriscar-se a tornar-lhes a luz odiosa, fazendo-os crer que ela é um mal.

Ao contrário de Voltaire, ele era partidário de uma pedagogia paciente da verdade.

A atitude do filósofo era, para ele, definida, antes de tudo, por referência a essa verdade: ele sabe encontrar seus princípios em si mesmo e no mundo que o rodeia pelo exercício da razão, e não na opinião ou nos sistemas de pensamento herdados. Rejeita os mistérios e as qualidades ocultas, critica as questões colocadas pelo "espírito metafísico" e proclama a experiência como pedra de toque do conhecimento verdadeiro. Mas a confiança serena no futuro da razão e na força de iluminação da verdade que ditavam o espírito de tolerância não implicava, por isso, a neutralidade: o filósofo, segundo d'Alembert, devia tomar parte nos embates de seu tempo.

O filósofo, segundo d'Alembert (bem como o filósofo d'Alembert), devia conjugar os dois sentidos da palavra *filósofo*, que são o exercício da razão e a atitude do sábio, esta última consistindo, em primeiro lugar, no que diz respeito à razão, em reconhecer seus próprios limites. O papel da filosofia é imenso, mas corre-se o risco de graves decepções ao praticá-la sem discernimento. Advertia ele:

> Abusa-se mesmo das melhores coisas [...] esse espírito filosófico tão em moda hoje em dia, que quer ver tudo e nada supor [pode ser prejudicial] caso seja aplicado sem sutileza nas matérias do gosto e da imaginação.

Eis por que é preciso abster-se de "introduzir discussões frias e dialéticas em assuntos de sentimento", o que não impede, evidentemente, que existam artistas filósofos, como o músico Rameau.

Mas a sabedoria reside igualmente na atitude ética. D'Alembert formula máximas de uma moral ligeiramente pessimista, com alguma dose de ironia, e expressas com um sentido de concisão e formalidade.² O filósofo deve, antes de tudo, estar desapegado das riquezas e das honras: ele pode gozar delas e aproveitá-las, mas sua privação não deverá afetá-lo, e seria até melhor renunciar aos prazeres para evitar os males "que são sua conseqüência ordinária". O filósofo suporta a vida sem apegar-se a ela, mesmo que uma tal existência possa parecer insípida frente ao ímpeto das paixões. Ele sabe distanciar-se dos acontecimentos e desprezar, apesar de seu engajamento, os rumores da sociedade, pois a busca da verdade se faz ao abrigo do tumulto. D'Alembert chegava a pregar, nesse sentido, a filosofia um tanto tépida (ou pelo menos, em suas palavras, "sábia demais para surpreender quem quer que seja") de Francis Bacon. Lembrando como os espíritos tinham sido, ao contrário, afortunadamente sacudidos pela filosofia "de aspecto ousado e brilhante" de Descartes, ele dava a entender, entretanto, que o ruído que a acompanhava era contrário à exigência filosófica de sabedoria e prudência. Não se vê, aliás, ao se observar o curso da história, que os grandes inovadores têm sido freqüentemente os menos reconhecidos? Eis aí "uma observação que não parecerá surpreendente aos filósofos".

Metafísica e religião

A metafísica e a religião deveriam intervir apenas fora do campo em que o conhecimento racional, teórico e prático, tinha estabelecido a sua validade. Para d'Alembert, ao contrário de La Mettrie e de Holbach e de seu materialismo radical (mecanicista no caso do primeiro), o campo do arracional não é vazio: existem perguntas sem respostas e problemas que escapam à apreensão da razão.

---

2. Existe uma coletânea póstuma, composta a partir de seus escritos: *Esprit, maximes et principes de d'Alembert*, Genebra e Paris, 1789.

O importante era que a religião, "destinada unicamente a regular nossos costumes e nossa fé", não usurpasse o domínio das ciências e da filosofia. Ele não se estendia mais sobre suas convicções íntimas, mais próximas do ceticismo de Hume que do "cristianismo razoável" ou do racionalismo religioso de Leibniz, Locke ou Kant, do qual todo o mistério é banido, mas no qual Deus se situa além de todo discurso.

Mesmo tendo partido da idéia de uma inteligência suprema em ação no Universo, ele se aproximou pouco a pouco de uma concepção materialista:

> O Universo, ou pelo menos o arranjo que nele vemos, parece obra de uma inteligência muito superior à nossa, mas seria essa inteligência distinta da própria matéria?... O problema da existência de Deus, deixado unicamente às nossas luzes naturais, é um abismo de contradições recíprocas, feitas para desesperar a razão humana. (*Esclarecimentos*, 1765)

De modo que a divisa de Montaigne – "Que sei eu?" – parecia-lhe a mais apropriada, tanto para esse problema como para todos os outros de natureza metafísica.

Entretanto, mesmo continuando a afirmar esse ceticismo, d'Alembert parece ter-se inclinado mais nitidamente na direção de uma posição materialista, bastante próxima da que Diderot expôs em *O sonho de d'Alembert*. Ele o afirmou claramente em escritos de caráter privado, como certas cartas a Frederico II. "A matéria é incriável, por conseguinte incriada, por conseguinte eterna", considerava ele. E prosseguia, considerando que a inteligência e o desígnio que se manifestam no mundo encontram-se de tal modo unidos à matéria que é impossível distingui-los dela e, conseqüentemente, "a experiência parece-me provar invencivelmente a materialidade da alma". E se "o mais simples raciocínio prova que há um ser eterno", esse Deus não pode ser senão material, ele "não é senão a matéria enquanto inteligência", o que coincidia com a definição do materialismo dada por Diderot na *Enciclopédia*. Mas isso não significa, para ele, que tivesse sido dada a última palavra, pois o problema ontológico da natureza (da "essência") da matéria continuava para sempre insolúvel. Tudo o que se podia dizer era, simplesmente, que a matéria *existe*. Quanto a todo o restante, somente "que sei eu?". O materialismo tardio de d'Alembert permanecia aberto e fundamentalmente impregnado de ceticismo.

11
O combate da *Enciclopédia*

De todos os grandes cientistas do século XVIII, d'Alembert foi o mais engajado filosoficamente. Esse engajamento se exprimiu, antes de tudo, na obra monumental da *Enciclopédia*, da qual foi co-diretor, ao lado de Diderot. A *Enciclopédia* desempenhou um papel considerável na preparação dos espíritos para as mudanças que seriam simbolizadas pela Revolução Francesa, e sua influência sobre a evolução posterior das idéias continuou de forma duradoura. Nela se afirmou, notavelmente, o papel desde então capital das ciências e das técnicas na sociedade e na cultura. D'Alembert foi, quanto a isso em particular, um dos principais porta-vozes do movimento dos *philosophes*, tendo assumido esse papel desde o *Discurso preliminar*, que abriu o primeiro volume da *Enciclopédia*, que foi considerado como "Manifesto da filosofia do Iluminismo". Resta rever esta parte de sua atividade e de seu pensamento, que não foi de importância menor que as outras. Isso significará, ao mesmo tempo, evocar as peripécias da publicação dos 28 volumes *in folio* (dezessete de textos e onze de pranchas), marcada por polêmicas, ameaças à publicação, proibições de impressão, censuras, disputas...

A publicação da *Enciclopédia ou Dicionário raciocinado das ciências, artes e ofícios* estendeu-se de 1751 a

1780, acompanhando-se, no final, pela do *Suplemento*, no qual Condorcet substituiu d'Alembert para a matemática. Em seguida, uma *Enciclopédia metódica* retomou os artigos da *Enciclopédia*, ordenando-os não mais alfabeticamente mas por temas e completando-os.

O anúncio da tradução para o francês da *Cyclopædia* do inglês Ephraïm Chambers foi acolhido favoravelmente, até mesmo por um órgão pró-clerical como o *Journal de Trévoux*. Diderot, que acabava de cumprir uma pena de cem dias de prisão devido a sua *Carta sobre os cegos*, escreveu o *Prospecto* para apresentar o projeto de publicação e angariar assinaturas; sua difusão logo desencadeou reações menos serenas. Dois clãs se formaram, contando seus partidários e preparando suas armas.

No início, d'Alembert, pouco interessado, como confiou então a seu correspondente, o matemático Gabriel Cramer, em acorrentar-se por anos a uma labuta escravizante, queria limitar sua contribuição à organização e à redação de uma boa parte dos artigos sobre a matemática (incluindo a mecânica e a astronomia). Se acabou fazendo muito mais do que isso, foi de livre e espontânea vontade...

Os anos posteriores nos mostram d'Alembert, efetivamente, em plena co-direção do trabalho com Diderot, atraindo para a *Enciclopédia* colaboradores de peso como Voltaire e redigindo artigos tratando de muitos outros temas além dos inicialmente previstos, tal como a filosofia do conhecimento, a gramática e a lingüística, e até mesmo de assuntos mais atuais e militantes como os verbetes "Dicionário" (entendido como instrumento do combate filosófico), "Colégio" (sobre a educação) e "Genebra" (tratando de religião, de política e dos espetáculos teatrais), que se contam entre os mais importantes da obra, do ponto de vista da "luta ideológica" do Iluminismo. Sobretudo, ele redigiu o *Discurso preliminar*, encarregado de apresentar o projeto e a estratégia da obra em seu todo. Escreveu igualmente diversos prefácios aos volumes seguintes, de tom muito polêmico, que forneciam enérgicas respostas aos ataques que cada volume da *Enciclopédia* invariavelmente recebia ao ser publicado.

Sem dúvida um pouco entusiasmado por seu sucesso nos dois diferentes campos da ciência e da filosofia, e consciente da excepcional autoridade que lhe fora rapidamente atribuída, reservou para si uma parte importante na distribuição dos verbetes "teóricos", isto é, na definição da filosofia da *Enciclopédia*. Os adversários da obra não se enganaram, e d'Alembert foi um de seus alvos prediletos. Ele apareceria, mais tarde, como líder dos *philosophes*, título que Voltaire, então tornado "patriarca", lhe atribuiu, alinhando-se na maioria das vezes com suas opiniões. Sua colaboração com Diderot revestiu-se assim, sem dúvida, de uma certa rivalidade, a que vinham se juntar, além das diferenças de personalidade e dos campos de competência de cada qual, divergências cada vez mais acentuadas sobre a concepção geral da obra e a filosofia que a embasava.

Divergências táticas

No início, os dois diretores da *Enciclopédia* estavam de acordo sobre o caminho a seguir: continuar o trabalho apenas sob condição de não se inquietarem com a censura. D'Alembert insistia, na época, na "impossibilidade, para os cientistas, de escrever sem escrever livremente", e Diderot compartilhava dessa opinião. Ele mudaria de idéia algum tempo depois, avaliando que seria mais eficaz fazer a *Enciclopédia* o mais depressa possível, mesmo que de maneira imperfeita, julgando que se podia contornar a censura por uma utilização sutil e subversiva das referências.

Se essas referências de confirmação e de refutação forem previstas com bastante antecedência e habilidade, elas darão à *Enciclopédia* o caráter que deve ter um bom dicionário; esse caráter é o de mudar a maneira comum de pensar.[1]

D'Alembert, ao contrário, não se afastou de suas posições originais, pelo menos até a crise de 1758.

A essa divergência quanto à tática vinha se juntar, mais gravemente, um desacordo de concepções sobre a própria *Enciclopédia*, fato ilustrado pelas respostas que Diderot deu no longo verbete com esse título ao *Discurso preliminar* de d'Alembert, que respondeu por sua vez a Diderot em seu verbete "Dicionário". D'Alembert julgava, no *Discurso*, que a *Enciclopédia* desempenhava um papel exemplar numa etapa já avançada de um progresso contínuo; a perfeição deveria, portanto, ser uma das principais características da obra. Diante dessa visão racionalista e voluntarista, Diderot, mais sensível às necessidades empíricas da ação e aos aspectos flutuantes e hesitantes da marcha do progresso, insistia, ao contrário, no caráter inevitável da imperfeição.

A primeira ameaça à *Enciclopédia* manifestou-se já em 1752, um ano após o lançamento dos dois primeiros volumes, com o "caso do abade de Prades". A Sorbonne tinha percebido, tardiamente, que a tese que ali defendera aquele abade, em 1751, continha proposições julgadas heréticas. Foram descobertos então os elos entre ele e os enciclopedistas e soube-se também que a tese retomava quase sem modificações passagens do *Discurso preliminar* de d'Alembert, o que desencadeou a tempestade – a ira do poder político ligado à Igreja Católica. A supressão

---

1. Diderot, verbete "Enciclopédia".

da *Enciclopédia* foi decretada; entretanto, a publicação pôde ser retomada pouco depois, graças à intervenção eficaz e discreta de Malesherbes, diretor da Biblioteca (por suas funções, encarregado de realizar a censura das publicações) e à influência de madame de Pompadour.

A crise mais grave estourou em 1759 e determinou o afastamento de d'Alembert e seu rompimento com Diderot. Ela ocorreu depois de violentos ataques de todos os lados. O verbete "Genebra", do qual voltaremos a falar, havia suscitado grande agitação; a chamada "polêmica dos Cacouacs" e uma diatribe devida à pena de Palissot, intitulada *Carta sobre os filósofos*, haviam atacado diretamente os enciclopedistas (Palissot encenou sua peça, *Os filósofos*, em 1760). Da parte do poder, a hora era de repressão, depois do atentado de Damien contra Luís XV. Em abril de 1757, uma lei fora promulgada punindo com pena de morte todo autor ou impressor de obras sediciosas. O livro de Helvétius, *L'Esprit*, tinha sido condenado e queimado. As boas almas deitavam lenha na fogueira: o *Journal de Trévoux* censurava, entre outros, os enciclopedistas por rebaixarem os reis e os santos. Pois não afirmava d'Alembert abertamente a independência dos intelectuais com relação ao poder, e não ensinava a futilidade das considerações de sangue (aliás, como fizera Pascal antes dele)? Seu *Ensaio sobre os homens de letras e sobre os grandes*, que publicara anonimamente em 1753, apareceu com sua assinatura na *Miscelânea*, justamente naquele ano de 1759. Os riscos corridos pelos enciclopedistas não eram imaginários: era perfeitamente possível ser executado por impiedade, como ocorreria alguns anos mais tarde com o cavaleiro de la Barre (ainda um jovem). A atenção das autoridades dirigiu-se novamente para a *Enciclopédia*, cujo sétimo volume fora publicado em 1757. Em 6 de fevereiro de 1759, o Parlamento promulgou um decreto proibindo a venda da *Enciclopédia*; em 10 de março, o Conselho de

Estado adotou uma resolução revogando o privilégio real, o que significava a suspensão. Em 3 de setembro do mesmo ano, o papa Clemente XII condenava a obra em seu breve apostólico *Ut Primum*.

O afastamento

Na verdade, a decisão de d'Alembert de pedir demissão da direção da obra não datava daquela proibição: ele a havia tomado um ano antes, em janeiro de 1758, quando as ameaças ainda não eram tão nítidas, invocando cansaço e desgosto pelas disputas e conluios. Ao que parece, ele queria com isso pressionar Diderot a renunciar a imprimir na França uma obra que, em tais condições, só poderia ser imperfeita, e retomar a publicação em Berlim, sob a proteção de Frederico II, soberano esclarecido. D'Alembert, com isso, teria conseguido, juntamente com Voltaire, um maior peso na orientação dos volumes ainda não publicados...

Nessa perspectiva, a obediência (epistolar) de d'Alembert a Frederico da Prússia tinha um aspecto tático: a estima e a proteção de um rei filósofo, cujas qualidades pareciam excelentes em comparação com os outros soberanos, eram trunfos importantes. De resto, quando d'Alembert falava do Rei, sem mais especificações, não se tratava jamais de Luís XV, mas de Frederico II. A existência de um aliado como esse era, para os filósofos, a garantia de um refúgio em caso de perseguição. O abade de Prades e, mais tarde, Helvétius e outros proscritos, encontraram asilo junto ao rei da Prússia, graças especialmente à mediação de d'Alembert. Mas a ameaça de realizar a *Enciclopédia* em Berlim ou em Riga e as significativas perdas financeiras que isso teria representado para a economia do reino permitiram finalmente que Diderot contornasse as proibições (é claro que era útil ter um príncipe amigo, mas era melhor que estivesse bem longe do que muito perto para a independência altiva de d'Alembert, que sempre se recusou a deixar seu país, os climas temperados, seus amigos e sua liberdade).[2]

A ameaça de demissão do geômetra significava um enfraquecimento político considerável, em virtude de seu prestígio, mas também à sua habilidade nas questões estratégicas e políticas. Diderot e os livreiros-editores rogaram-lhe, pois, que não abandonasse o trabalho, e d'Alembert aceitou permanecer no posto até o decreto de suspensão de 1759. Teve então uma tempestuosa discussão, que Diderot relatou em sua correspondência, com este último e com os livreiros que queriam continuar a publicação em segredo, pelo viés da "permissão tácita", possibilitada pela supressão do privilégio real. Furioso com sua teimosia, d'Alembert rompeu com todos eles. Algum tempo depois ele recuaria dessa decisão tomada num momento de raiva, mas para se ocupar daí em diante apenas da parte "matemática", renunciando a qualquer novo prefácio e, com maior razão, a qualquer pretensão de assumir a direção ideológica da obra.

Os volumes 8 a 17 da *Enciclopédia*, preparados nesse meio-tempo, foram entregues em 1766, e a publicação dos onze volumes de pranchas estendeu-se de 1762 a 1772. O editor Le Breton achou de bom alvitre censurar ele próprio os textos, sem o conhecimento de Diderot, que só se deu conta disso tarde demais, em 1764. A traição, vinda de onde não era esperada, afetou-o profundamente, por ter desfigurado a obra a que havia consagrado seus esforços durante tantos anos.

Depois de seu afastamento da *Enciclopédia*, d'Alembert assumiu a tarefa de investir nas academias. Voltaire também

---

2. Ver o capítulo 3.

se afastou; na verdade ele apreciava apenas moderadamente o contato com muitos autores que considerava de segunda categoria, e não se sentia confortável na posição relativamente anônima de contribuinte de um empreendimento coletivo. Insatisfeito pela difusão restrita de uma obra monumental e de alto custo, ele duvidava de sua eficácia:

> Eu gostaria muito de saber que mal pode fazer um livro que custa cem escudos. Vinte volumes *in folio* jamais farão uma revolução; são os livrinhos de bolso de dez tostões que devem ser temidos. Se o Evangelho tivesse custado 1.200 sestércios, a religião cristã jamais teria se estabelecido.[3]

Foi mau profeta, como mostraram os acontecimentos.

Dissensões entre os filósofos

O verbete "Genebra", escrito por d'Alembert para o sétimo volume da *Enciclopédia* (publicado em novembro de 1757), ocasionou sua primeira controvérsia pública com Jean-Jacques Rousseau. Elevando-se contra o obscurantismo clerical católico, o artigo dava os pastores genebrinos como exemplo de tolerância e de espírito esclarecido, e atribuía-lhes idéias "socinianas"[4], que eles de modo algum professavam. Com isso d'Alembert atraiu sobre si a ira não só dos católicos, mas também dos calvinistas; os pastores se irritaram contra ele, e também Rousseau, orgulhoso de seu título de cidadão de Genebra, solidário com seus concidadãos e sem dúvida contrariado por não

---

3. Voltaire, carta a d'Alembert de 5 de abril de 1766.
4. Relativas à Socin (1525-62), fundador da doutrina antitrinitária, conhecida pelo nome de *socinianismo*.

ter sido encarregado da redação de um verbete que o tocava tão de perto.

Diderot considerou pouco oportunas as observações teológicas de d'Alembert, diferentemente de Voltaire que, ao contrário, o apoiou:

> O verbete do qual parecem queixar-se é um golpe importante, cujos frutos não se deve deixar perder. Ele desmascara os inimigos da Igreja, e isso é muito. Ele os força a aviltar-se, negando sua crença, ou a concordar tacitamente que não foram caluniados. (Voltaire, *Carta a Diderot*)

Na *Carta a d'Alembert*, com a qual Rousseau respondeu ao verbete "Genebra", o autor tratava pouco de teologia e muito de teatro. Suas opiniões sobre esse assunto coincidiam em muitos pontos na prática, mas não na motivação profunda, com as dos inimigos dos filósofos. Diderot e d'Alembert pregavam, em nome do Iluminismo, a utilidade social do teatro que Rousseau criticava. Um primeiro traço da divergência entre d'Alembert e Rousseau é perceptível em seus respectivos *Discursos*, de 1750 e 1751: o *Discurso sobre as ciências e as artes*, de Rousseau, e o *Discurso preliminar da Enciclopédia*, de d'Alembert. Este último formulava suas reservas a propósito da concepção negativa do progresso das ciências e das artes, apresentada por Rousseau. O desacordo, que se relacionava, na verdade, à filosofia e a seu papel, mostrou-se fundamental e determinou uma divisão profunda na percepção da função do "intelectual" na sociedade.

O interesse na sociedade francesa, por volta da década de 1760, pelas questões morais e pela noção de humanidade foi, em boa parte, suscitado pelas idéias desenvolvidas por Rousseau em seus *Discursos* (o primeiro, *sobre as ciências e as artes*, mas também o segundo, *sobre a origem da desigualdade entre os homens*). Rousseau foi, aliás, um dos pensadores mais reivindicados pela Revolução. Entretanto, a idéia de humanidade devia ser considerada como cada vez mais inseparável da idéia de progresso, como testemunha o *Esboço para um quadro dos progressos do espírito humano*, de Condorcet (1793). A razão não seria, como desejava Rousseau, abandonada em favor da virtude. Não obstante, o despertar afirmado para fenômenos diferentes dos da pura razão ou da natureza (que podiam parecer demasiado frios e, em todo caso, mais afastados das preocupações cotidianas), e que eram abordados pelas nascentes ciências sociais, deveu muito a ele. O próprio d'Alembert interessou-se por isso, embora sem dúvida pela incitação mais direta de Condorcet.

As concepções sobre a educação faziam também parte do combate da *Enciclopédia*. No verbete "Colégio", d'Alembert fez uma crítica em regra da educação de seu tempo, tomando como alvo o ensino tradicional dos colégios. "É com pesar que penso no tempo que perdi em minha infância", conclui ele em seu texto. Passava se no colégio "sete ou oito anos a aprender palavras ou a falar sem dizer coisa alguma", nas aulas de humanidades, consagradas à língua e aos autores latinos, e nas de retórica, cuja arte consistia em aprender "a afogar em duas páginas de verborréia o que se podia e se devia dizer em duas linhas". Quanto ao gênero de filosofia ensinado ao término dos estudos, d'Alembert julgava-o uma escolástica decadente, vã e pueril. O ensino da moral e da religião e, mais ainda, a maneira pela qual eram praticadas nos colégios, levavam a resultados desastrosos:

> Um jovem, depois de ter passado em um *colégio* dez anos, que deveriam se contar entre os mais preciosos de sua vida, sai dali, se tiver empregado seu tempo da melhor maneira possível, com um conhecimento muito imperfeito de uma

língua morta, com preceitos de retórica e princípios de filosofia que deve tratar de esquecer; freqüentemente com uma corrupção dos costumes cuja conseqüência menos grave é alteração da saúde; algumas vezes com princípios de uma devoção mal compreendida; e, mais comumente, com um conhecimento da religião tão superficial que sucumbe diante da primeira conversação ímpia, ou da primeira leitura perigosa.

É um assunto, avaliava ele, que "interessa ao governo e à religião, e merece que dele se fale com liberdade", acrescentando que "os mestres mais sensatos deploram tais abusos", e que tudo que estava fazendo era "expor aqui o que eles pensam e que nenhum deles ousa escrever". Concluía dizendo que somente "a autoridade superior do governo [era] capaz de deter os progressos de um mal tão grande", destacando ao mesmo tempo que era precisamente o governo, com suas corporações constituídas, que opunha a maior resistência a qualquer reforma; e ele, corajosamente, as designava pelo nome. É mais difícil para a verdadeira filosofia, sublinhava ele a esse respeito, penetrar nas "corporações" que nos indivíduos. A denúncia desse estado de coisas fazia parte do programa dos enciclopedistas e acompanhava-se de propostas sobre o papel da filosofia e por uma reforma do ensino. Pode-se considerar o *Ensaio sobre os elementos da filosofia* de d'Alembert como uma continuação do verbete "Colégio", correspondendo, precisamente, a seu próprio programa para o ensino dessa disciplina.

O *cerco às academias*

O partido filosófico contava em suas fileiras com Condorcet, cuja eleição para a Academia das Ciências foi considerada uma vitória dos filósofos, o astrônomo Le

Monnier e o abade Bossut. No campo adversário estavam Clairaut, o astrônomo Lalande, o abade Nollet, que se distinguira por suas *Lições de física* e por suas experiências, o padre jesuíta dálmata Boscovich e Buffon. Na Academia Francesa, os filósofos contavam apenas com quatro membros logo após a eleição de d'Alembert em 1754, aos quais se juntaram pouco depois Marmontel e Condillac. D'Alembert foi eleito seu secretário perpétuo em 1772. A eleição de Condorcet, em 1782, foi a maior batalha empreendida por d'Alembert, que a venceu contra Buffon. Chefe do "partido", cuja estratégia inspirava, d'Alembert foi alvo das críticas mais violentas e injustas. Mas, embora apaixonado pela "causa", não empregava meios desleais. Contudo, a vitória dos filósofos e dos enciclopedistas nas academias foi relativa: Voltaire e d'Alembert jamais conseguiram fazer Diderot ingressar na Academia Francesa. D'Alembert, que se dedicava com grande consciência a suas responsabilidades de acadêmico, propôs uma reforma das estruturas que esbarrou na recusa das autoridades. Essas instituições passavam então por uma fase um tanto decadente, antes do grande sobressalto que as sacudiria por ocasião da Revolução.

Uma orgulhosa independência

Voltaire dava valor às distinções, à posição, ao nome. Teria ele se tornado um amigo tão próximo de d'Alembert se este não fosse de origem aristocrática? D'Alembert, por sua vez, lamentava essa fraqueza e repreendia a Voltaire o fato de poupar os nobres sob o pretexto de fazê-los servir "à causa", e de com isso se comprometer, sem receber nada em troca, na maioria das vezes. Sua atitude era de orgulhosa independência, que ele exprimiu no *Ensaio sobre os homens de letras e os grandes*, e que lhe atraiu a inimizade da corte de Luís XV. Escrevia que os personagens importantes, os "grandes", protegem os "homens de letras" (diríamos hoje os "intelectuais") por vaidade, pois na realidade querem mantê-los sob sua dependência; e que, além disso, não tendo o gênio nenhuma relação com o fato de se ser de origem nobre, os "grandes" não têm nenhum direito de supervisionar o talento. Ele não pedia nem esperava nada das pessoas de alta posição e desprezava seu vão prestígio. Em seu escrito "Memórias por ele mesmo", pôde lembrar com justiça que não havia dedicado obras senão ao rei da Prússia (o *Ensaio sobre os ventos*) e ao conde e ao marquês d'Argenson, dois ministros franceses caídos em desgraça (o *Ensaio* sobre a resistência dos fluidos, de 1752, e a segunda edição do *Tratado de dinâmica*, de 1758).

D'Alembert teve muitas vezes de pagar o preço de sua desconfiança, afirmada com convicção e constância, em relação ao poder e à aristocracia. Essa desconfiança lhe era ditada por sua condição de especialista do conhecimento, mas também pela de aliado da classe social em ascensão, dinâmica, empreendedora e eficaz – a burguesia – e, mais secretamente, por sua história individual de bastardo rejeitado por parentes que pertenciam à nobreza.

A filosofia de sua atitude pode ser resumida por algumas frases de seu prefácio ao terceiro volume da *Enciclopédia*:

> Não se encontrará portanto nesta obra [nem] a genealogia das grandes famílias, mas a genealogia das ciências, mais preciosa para quem sabe pensar [...], nem a descrição detalhada de cada aldeia, como certos eruditos se dão ao trabalho de fazê-lo hoje em dia, mas uma notícia sobre o comércio e as cidades principais [...]. A Enciclopédia deve tudo aos talentos, nada aos títulos; e [...] é a história do espírito humano, não da vaidade dos homens.

Mudança de valores

As ciências e o comércio aparecem então como valores sólidos sobre os quais a sociedade devia se apoiar, e d'Alembert e seus amigos da *Enciclopédia*, os "homens de letras", opunham os talentos e a igualdade à nobreza e ao sangue (azul). Era em nome dessa concepção que ele criticava, aliás, uma característica do ensino dos colégios freqüentados pela jovem nobreza:

> Falam-lhes a cada instante de seu nascimento e de sua grandeza, e com isso lhes inspiram, sem querer, sentimentos de orgulho em relação aos outros... Os que presidem à instrução da juventude [devem] examinar-se cuidadosamente quanto a esse ponto de tamanha importância. (Verbete "Colégio")

Fontenelle, esse pai dos filósofos, havia mostrado, a partir das lições de Bacon e de Descartes, a importância prática e social da investigação científica. Ele escreveu, em seu "Elogio a Pedro, o Grande" (1727), que "todas as riquezas, e mesmo aquelas do espírito, dependem do comércio". O desenvolvimento da "filosofia", no sentido do século XVIII, fez-se em estreita conexão com o do comércio e da indústria, e, portanto, da classe social que os sustentava, a burguesia. O comércio se tornara o modelo das relações sociais entre os homens (ver, aliás, o duplo sentido do termo, a partir da Renascença). O próprio d'Alembert declarava, em um discurso pronunciado em 1768 na Academia de Ciências, na presença do rei da Dinamarca, que "as ciências são uma espécie de comércio no qual todas as nações esclarecidas devem ao mesmo tempo dar e receber".

A *Enciclopédia*, que proclamava e ilustrava os elos entre saber e técnica, era o testemunho exemplar dessa ligação. "A nova aliança da filosofia e da economia", escreve Georges Gusdorf, aparece "como um fato de civilização". Pode-se evocar, além da própria *Enciclopédia*, os nomes de Locke, Hume, Lessing, Turgot e, é claro, o de Condorcet. A própria moral natural era concebida como fundada nas necessidades materiais do homem em sociedade, isto é, especialmente sobre os imperativos econômicos desta última.

A "filosofia" era, nesse sentido, a expressão da afirmação da classe social ascendente, correspondente ao motor socioeconômico da época, a classe "média" ou "burguesa", impedida pelos obstáculos políticos de participar do poder. Em primeiro lugar, ela se opunha às concepções teológicas ligadas ao feudalismo[5], professava a dessacralização da realidade, afirmava um espírito crítico e contestador (até certo ponto), rejeitava o autoritarismo, se declarava liberal em matéria de idéias e relações sociais, enunciava a universalidade das leis da natureza e da inteligibilidade das ciências.

Mas a "filosofia" era mais do que isso, e seus valores humanistas excediam, em numerosos pensadores, aqueles aos quais se teria limitado um simples "egoísmo de classe". Em particular, ela proclamava a igualdade de direito entre os homens e a universalidade do pensamento para além das diferenças de usos e costumes. Condorcet afirmaria, desde o início do período revolucionário, a necessidade de abolir a escravidão, os direitos dos negros e a igualdade entre homens e mulheres.

Suas concepções sobre o conhecimento e suas relações com a sociedade, e sobre o papel dos intelectuais, fazem

---

5. No século seguinte, Auguste Comte proporia sua análise sistemática dos elos entre o estado do saber e o regime econômico-político, com sua teoria dos "três estados".

de d'Alembert o perfeito representante do Iluminismo, intelectual pertencente à classe social ascendente porém reprimida; distinguindo-se dela, ao mesmo tempo, por sua atitude pessoal. Ao contrário de Voltaire, que fazia negócios e se enriquecia, d'Alembert não se interessava pessoalmente pelo dinheiro ou pelo comércio, preocupando-se essencialmente em fazer avançar o poder das idéias. Ele sabia que, "como todo país tem mais necessidade de lavradores e de soldados que de literatos, estes só têm propriamente um estado precário na sociedade".[6]

D'Alembert político

As preocupações políticas não estão ausentes da obra de d'Alembert, como vimos a propósito da educação, e como se pode perceber pelas observações precedentes. Seu interesse por essas questões estava ligado a seu engajamento filosófico. A agitação e o escândalo causados pelas novas idéias sobre o conhecimento, e a repressão que as acolhia, convenceram-no do poder do obscurantismo produzido pelas estruturas do Estado do Antigo Regime. Essa tomada de consciência arrastou-o para muito além dos puros problemas da educação e da liberdade de expressão das idéias, sem ultrapassar, entretanto, o âmbito do combate intelectual. Ela se exprime nos verbetes da *Enciclopédia* e em outros de seus textos, reflexões sobre a moral, ensaios diversos, sem esquecer as cartas a seus correspondentes.

O pensamento político de d'Alembert tinha por objeto, em primeiro lugar, a crítica do estado de espírito que se poderia caracterizar como a *ideologia* (palavra que seria forjada somente um pouco mais tarde) *do sangue,*

---

6. Sobre a situação atual da República das Letras (1760).

isto é, a afirmação de uma supremacia natural da nobreza. Preocupava-se, em seguida, com um diagnóstico ou um testemunho da sociedade de seu tempo: o de sua cisão em duas partes, uma ignorante e retrógrada, que possuía o poder, e outra esclarecida, "muito avançada e instruída", mas "que não tem nenhum poder e apenas vê sem agir", constituindo a parte média da nação, burguesa e intelectual.

> As corporações e a maioria dos grandes, isto é, a parte poderosa, estão cem anos atrás da parte esclarecida.[7]

Dirigida contra o poder – e antes de tudo contra o rei e a corte –, a crítica de d'Alembert se dirigia não à função monárquica mas à sua forma inadaptada e seus abusos. Ele designava seus alvos principais no verbete "Cortesãos" da *Enciclopédia*, como "espécie de gente que a infelicidade dos reis e dos povos colocou entre os reis e a verdade para impedi-la de chegar até eles", e julgava que "o rei que sabe ser rei os expulsa e pune". Estabelecendo uma distinção entre o "homem da corte" e o "cortesão", ele atenuava o alcance de sua crítica, sem deixar de declarar que "a filosofia [...] encontra-se quase sempre deslocada e pouco à vontade na corte".

Ele não considerava necessária a forma monárquica de governo, mas sua preferência parecia tender para uma monarquia esclarecida. O que contava de fato, para ele, era a lei e sua igualdade para todos. Escreveu a Voltaire:

> A forma de governo é indiferente em si mesma, desde que o governo seja justo, que todos os cidadãos tenham igualmente direito à sua proteção, que estejam igualmente

---

7. D'Alembert, "Suplemento ao verbete Espanha", e carta a Catarina da Rússia, de 15 de junho de 1764.

submetidos às leis e sejam igualmente punidos quando as violam, que os suplícios não sejam reservados aos pequenos culpados, e as honras aos poderosos.

D'Alembert era sensível à miséria em que viviam os operários dos subúrbios e os camponeses. Indignou-se com isso em mais de uma ocasião, contrastando-a com as riquezas abusivas, demasiado numerosas, chegando a reconhecer que os pobres poderiam legitimamente se armar contra os ricos.[8] Propôs, com os *philosophes*, medidas sociais como a vacinação (inoculação) gratuita para os pobres. Sua consciência política era, de maneira geral, a da burguesia ascendente, afastada de todo poder político. Mas estava solidamente marcada pelo humanismo, como em muitos outros entre os *philosophes*, o que muitas vezes os fazia ultrapassar os estreitos limites dessa classe. Resta dizer que as medidas propostas para aliviar as desigualdades sociais eram antes paliativas que revolucionárias. A reforma que d'Alembert propunha para o ensino, por exemplo, era concebida para uma elite, com preceptores privados, e não com colégios gratuitos.

O progressismo dos intelectuais do Iluminismo era relativamente conservador: os valores fundamentais que eles reivindicavam amedrontavam-nos, às vezes, por suas conseqüências, e assim eles muitas vezes os atenuavam, em nome da ordem social. Se todos os homens "são iguais pelo direito de natureza", por suas necessidades mútuas e pelas necessidades da vida social, essa igualdade devia ser entendida como "interior", e não como efetivamente realizada. "Os deveres interiores e reais são [...] perfeitamente iguais para todos, ainda que de espécie diferente", escrevia d'Alembert: pois a essa igualdade de princípio sobrepõe-se

---

8. Em uma carta a Frederico II, de 30 de abril de 1770.

uma "desigualdade de convenção", devida à diferenciação das tarefas na sociedade. Quanto à liberdade, o povo, em seu entender, ainda não estava maduro para ela.

> [A liberdade é] um bem que não é feito para o povo; pois o povo é uma criança que cai e se machuca quando a deixamos andar só, e que se levanta apenas para agredir sua pajem.[9]

Diderot, Helvétius e d'Holbach defendiam posições mais avançadas. Diderot se reconhecia no igualitarismo libertário de dom Deschamps e escrevia a um correspondente, a propósito de uma obra do monge ateu, publicada por volta de 1769, na qual este pregava um estado social sem reis, nem padres, nem magistrados, sem propriedade e sem noções de vício ou virtude:

> Imaginai o quanto esta obra, por mais mal escrita que seja, agradou-me, pois encontrei-me de repente no mundo para o qual nasci [...]. Não encontrei uma só linha que devesse ser apagada de seu livro, que está cheio de idéias novas e de asserções ousadas.

Diderot mencionava, na mesma carta, a divergência de opinião com d'Alembert nesse ponto:

> D'Alembert conheceu o livro e não o julgou como eu. É que os geômetras são maus metafísicos, exatamente pela mesma razão que são maus jogadores. Há na natureza, e em quase todos os jogos, pressentimentos que se sentem e não podem ser calculados. Pela mesma razão eles devem ser maus políticos. Não têm o faro com que se

---

9. *La Destruction des Jésuites em France.*

descobre ou apreende a pista de fenômenos muito fugazes. Isso não se explica em termos de *x* ou *y*, mas diz respeito a uma corrente sutil das coisas da vida, bem observadas. As observações estão longe, mas o fato permanece.

É significativo que Diderot critique d'Alembert apenas no plano da sensibilidade intelectual e da "análise", sem repreender-lhe seu conservadorismo ou seu apego à ordem vigente, que seria de natureza ideológica. É que as idéias sociais permaneciam então essencialmente no plano intelectual.

Se Diderot acusava d'Alembert de "não ter faro" para as questões de moral ou de política, nem por isso a posição deste último sobre as relações entre o conhecimento e a sociedade deixava de ser coerente. A intuição – freqüentemente um pouco desordenada – de Diderot o fazia ir mais longe. Mas a concepção de d'Alembert, deliberadamente sistemática também nesse campo, é um bom índice da estrutura profunda dessas relações (ver o *Ensaio sobre os Elementos de filosofia*).

A hierarquia constatada dos diversos estágios do conhecimento estava baseada, segundo ele, no princípio de utilidade, que a sociedade deve respeitar. É por isso que os conhecimentos a serem cultivados em primeiro lugar eram os que são diretamente úteis, tanto para a sociedade em questão como para a totalidade dos homens. Somente em seguida é que seria possível dedicar-se aos conhecimentos "simplesmente curiosos", mas que poderiam se mostrar úteis numa etapa posterior.

Quanto aos conhecimentos "especulativos", isto é, que têm "como único objetivo o prazer ou a ostentação do saber", os homens não deveriam aplicar-se a eles senão na falta de algo melhor a fazer, "na ausência da possibilidade de serem mais úteis à sua nação". Nas repúblicas, que repousam sobre a prestação de serviços de cada um, ninguém deveria se ocupar de tais conhecimentos que, ao contrário, seriam cultivados nas monarquias, nas quais uma categoria importante de súditos, sendo politicamente inúteis, dispõem de um vasto tempo ocioso. Os conhecimentos "simplesmente recreativos", suscetíveis de serem experimentados por grande número de pessoas, serão cultivados apenas na medida em que possam impedir o ócio de se tornar nocivo (mas cultivados com moderação, pois podem engendrar o gosto pelo prazer e pela languidez).

Essas concepções estão ainda de acordo com as da burguesia, para a qual d'Alembert e os enciclopedistas desempenhavam o papel de "intelectuais orgânicos", no sentido que Gramsci deu a essa expressão.[10]

---

10. Ver Robert Mandrou, *Des humanistes aux hommes de science*, Paris, Seuil, 1973. Cf. Antonio Gramsci, *Cahiers de la prison*, trad. franc., Paris, Gallimard, 1978.

12
A herança de d'Alembert

A atividade de d'Alembert foi fecunda não somente por seus próprios trabalhos, mas também pelos discípulos que formou ou não cessou de apoiar e que prolongaram sua obra. Tanto ele fora cuidadoso em salientar a originalidade e a prioridade de suas descobertas nos campos da matemática e da física diante de seus precursores e de seus pares, como ele se mostrou receptivo ao talento e às idéias – muitas vezes diferentes das suas – dos cientistas mais jovens, aos quais não poupava seu apoio, com um espírito totalmente desinteressado. Mobilizava em favor destes suas influências e esforços, preocupado com suas dificuldades (a ponto de perder o sono, como se chegou a dizer). Estes, por sua vez, mostraram-se deferentes em relação a ele, e preocupados em não ferir sua suscetibilidade (especialmente Lagrange e Condorcet). Sua atitude para com os discípulos, caracterizada por uma grande liberdade (respeitados esses cuidados), pois ele os considerava como seus iguais, parece bem de acordo com suas concepções sobre a filosofia e a educação.

Entre seus discípulos diretos, os mais conhecidos são Lagrange, Laplace e Condorcet. Mas conta-se também Bougainville, oficial da marinha real e grande navegador, cuja viagem científica ao redor do mundo ficou justamente célebre (ele fez o reconhecimento do Taiti e outras ilhas do oceano Pacífico) como um de seus primeiros discípulos. Bougainville publicou, em 1754, um *Tratado do cálculo diferencial e integral*, baseado, em parte, nas lições de d'Alembert, apresentando certos resultados deste último que não haviam sido publicados. Pode-se também incluir entre os discípulos de d'Alembert Lazare Carnot (o futuro "pai da vitória" de 1793), que ele reconheceu e encorajou em sua carreira científica. Os trabalhos de Carnot sobre as máquinas mecânicas situam-no diretamente na linhagem do mestre, e suas *Reflexões sobre a metafísica do cálculo infinitesimal* (1787) mostram-no esforçando-se para dar um sentido às grandezas infinitesimais, evitando as objeções de d'Alembert.

Outros nomes de jovens contemporâneos de d'Alembert deveriam igualmente ser evocados, pois sua influência imediata foi considerável. Mas é impossível enumerá-los por completo, e, de resto, esse inventário ainda está por ser feito.

Lagrange (nascido em Turim) entrara em relações com ele desde 1759, pelo envio de suas "Novas pesquisas sobre a natureza e a propagação do som". D'Alembert vislumbrou de imediato o brilho do jovem geômetra piemontês e, desde então, apoiou constantemente sua carreira. Por recomendação sua, Frederico de Prússia colocou-o na presidência da Academia de Berlim em 1766. Os dois cientistas, que mantiveram uma verdadeira amizade por meio de uma correspondência constante, encontraram-se apenas uma vez, precisamente por ocasião da viagem de Lagrange para assumir seu posto: ele se deteve em Paris a caminho de Berlim. Lagrange, ligado também a Euler, que havia encorajado seus primeiros trabalhos, se considerou sempre discípulo de d'Alembert.

Quanto a Laplace, foi por intermédio de d'Alembert que obteve um posto de professor de matemática na Escola Real Militar e entrou para a Academia das Ciências em 1773. Tendo começado suas próprias pesquisas sobre problemas abordados por d'Alembert, ele desenvolveu, em particular, a astronomia matemática, levando a cabo as pesquisas sobre a atração de diversos corpos em seu *Tratado de mecânica celeste* (4 vol., 1799-1825) e em sua *Exposição do sistema do mundo* (1ª edição, 1796).

Condorcet[1], que foi também seu discípulo, tornar-se-ia seu melhor e mais fiel amigo, talvez pela proximidade de seus temperamentos e de suas preocupações, tanto matemáticas quanto filosóficas. Ele foi de fato o filho espiritual de d'Alembert, cujo último combate institucional foi fazer que fosse eleito para a Academia Francesa, e isso contra uma forte oposição.[2] Condorcet, que a posteridade qualificaria como "o último enciclopedista", contribuiu de maneira decisiva no *Suplemento da Enciclopédia*, publicado em 1776 e 1777. Pouco antes de sua morte trágica na prisão, durante o Terror, ele redigiu, em 1793, seu *Esboço de um quadro do progresso do espírito humano*, que retomava, quarenta anos depois, a idéia central do *Discurso preliminar da Enciclopédia*. As diferenças substanciais entre as duas obras, exprimindo cada qual as idéias-força de sua época e o elo entre o progresso dos conhecimentos e o da civilização, permitem medir as evoluções intelectuais e sociais consideráveis que tinham se produzido nesse ínterim.

Evocamos nas páginas precedentes inúmeros desdobramentos da obra científica de d'Alembert: na matemática, o teorema fundamental da álgebra e a noção de limite

---

1. Sobre a vida e a obra de Condorcet, ver Catherine Kintzler, *Condorcet. L'Instruction publique et la naissance du citoyen*, Paris, Le Sycomore, 1984, reeditado em 1987, pela Minerve de Paris; Pierre Crépel e Christian Gilain (ed.), *Condorcet, mathématicien, économiste, philosophe, homme politique*, Paris, Minerve, 1989; Elisabeth e Robert Badinter, *Condorcet, un intellectuel en politique*, Paris, Fayard, 1988.
2. Ver o capítulo 11.

(ambos retomados por Cauchy), a representação gráfica dos números complexos (realizada independentemente por Argand e por Gauss), a análise, as equações com derivadas parciais, a teoria da funções, os métodos de aproximação no problema dos três corpos, o cálculo de séries trigonométricas (trabalho continuado por Fourier); na física matemática e teórica, seu teorema ou princípio da dinâmica, com freqüência mencionado em seguida nos tratados de mecânica e de dinâmica, e os progressos decisivos que ele efetuou em hidrodinâmica (e na mecânica dos meios contínuos) e em astronomia.

Lagrange, para fundamentar sua *Mecânica analítica* (Paris, 1788), retomou a abordagem de d'Alembert da dinâmica, combinando-a com o cálculo das variações que ele criara no início de sua carreira de cientista, em relação com sua preocupação em formalizar o princípio de menor ação de Maupertuis, desvencilhando-o de seus aspectos metafísicos. Substituiu esse princípio pelo princípio da dinâmica (de d'Alembert), chegando assim às equações fundamentais da mecânica, conhecidas a partir de então como "equações de Lagrange".

O tratamento analítico que d'Alembert deu à hidrodinâmica e a unificação desta última com a mecânica graças ao emprego das equações com derivadas parciais, retomado imediatamente depois dele e levado a termo por Euler e em seguida incorporado à mecânica analítica por Lagrange, abria a possibilidade de estabelecer teorias físicas que iam além da mecânica, por sua matematização em relação a princípios adequados, desde a primeira teoria do calor de Laplace e de Poisson e a ótica matemática de Fresnel até a termodinâmica de Clausius e Kelvin e ao eletromagnetismo de Maxwell.

A *Mecânica celeste* de Laplace levou à perfeição (provisória) os trabalhos dos pioneiros da astronomia matemática que, depois de Newton, foram Clairaut, Euler e d'Alembert.

As dúvidas e questões de d'Alembert sobre o cálculo das probabilidades, sua natureza e suas aplicações, também foram fecundas para as reflexões de Condorcet e de Laplace: tomando essas dúvidas a sério, ao mesmo tempo que pressentiam – diferentemente de d'Alembert – a extrema importância desse ramo da matemática, eles se esforçaram para livrá-lo de suas obscuridades e imperfeições conceituais e teóricas. Em particular, a doutrina sobre o motivo de crer, de Condorcet[3], ecoa as questões de d'Alembert sobre a esperança matemática.

O próprio determinismo laplaciano (o termo só seria forjado no século XIX), expresso em equações matemáticas na *Mecânica celeste* e em definição física e filosófica na *Teoria das probabilidades*, já se encontra, formulado de maneira estranhamente próxima, no verbete escrito por d'Alembert para a *Enciclopédia* intitulado "Fortuito".

Suas concepções da racionalidade físico-matemática influenciaram toda a tradição da física teórica bem como a da física matemática que floresceu no século XIX e se prolongou pelo século XX, inicialmente na França, depois em outros países da Europa. Evocamos apenas a continuidade – reivindicada pelos sucessores –, que vai de d'Alembert a Lagrange, Laplace, Lazare Carnot, a Poisson, Biot, Fourier, Fresnel, Ampère, a von Helmholtz, Kirchhoff, Hertz, Boltzmann, e também a Hamilton, William Thompson (lorde Kelvin), Maxwell, Lorentz, e ainda Le Chatelier, Duhem, bem como, evidentemente, Henri Poincaré, conduzindo especialmente a Albert Einstein, Hermann Weyl, até a física dos dias de hoje, através, é claro, de importantes mudanças e da abertura de novas vias.

---

3. Ver Gilles-Gaston Granger, *La Mathématique sociale du marquis de Condorcet*, Paris, Presses Universitaires de France, 1956; Roshdi Rashed, *Condorcet, mathématique et société*, Paris, Hermann, 1974.

Falamos da influência das concepções epistemológicas de d'Alembert sobre a crítica dos conceitos físicos de Mach, de Hertz, de Poincaré e de outros; sem contar a questão da origem sensorial de nossos conhecimentos, que nutriria todo o século XIX, em especial, o pensamento de von Helmholtz e de Mach. O lugar da epistemologia, desde então concebida como disciplina autônoma entre a filosofia e as ciências especializadas, faz parte igualmente da posteridade de d'Alembert.

Quanto à sua obra filosófica e literária, ela ocupa um lugar excepcional em sua época, e permanece exemplar para a posteridade.

> Essa união do saber e da escrita, das ciências naturais e da cultura literária, da matemática e da psicologia talvez seja o aspecto mais notável, mais sugestivo e mais significativo, em todo caso, da obra do co-diretor da *Enciclopédia*.[4]

Goethe admirou em d'Alembert a união entre o escritor e o cientista, e se indignou com os ataques a ele dirigidos, que buscavam encerrá-lo "na especialização em que ele era excelente, e recusando-lhe uma cultura diversificada, a única, entretanto, que nos seria plenamente satisfatória". Essa homenagem, pronunciada em plena guerra de independência alemã contra Napoleão, dá testemunho "do que d'Alembert representou em seu tempo": o ideal de um humanismo universalista.[5]

A filosofia crítica de d'Alembert, que vinha imediatamente após os grandes sistemas metafísicos, abriu a perspectiva de uma nova relação entre as ciências e a filosofia:

---

4. Roland Mortier, *Le Cœur et la raison*, op. cit., p. 36.
5. Ibid., p. 37.

as ciências, liberadas de uma antiga dependência, permaneciam articuladas entre si mediante sua relação com o novo modo de reflexão, claramente desenvolvido por d'Alembert, de uma "metafísica do conhecimento", isto é, de uma epistemologia no sentido atual do termo, que fazia então sua aparição.

Seu racionalismo, herdado de Descartes, mas transformado num sentido que lhe permitiu adaptar as concepções newtonianas, inspirou inúmeros pensadores, filósofos e epistemólogos, de Kant a Hegel, de Ampère a Comte, e outros mais. Sua classificação dos conhecimentos, bem como certos aspectos de suas análises conceituais em matemática e em física serviram a Auguste Comte no desenvolvimento dos capítulos de seu *Curso de filosofia positiva* (6 volumes, 1830-42) relativos a essas ciências. Mas Comte lhes deu uma interpretação mais rígida e dogmática, na qual a dúvida crítica ou cética foi apagada pela vontade de uma afirmação positiva. Comte também conservou, é evidente, a crítica da metafísica, que se encontrava em outros autores além de d'Alembert, mas à qual este dera uma especificidade particular, ao discutir a justificação dos conceitos utilizados e de seus limites de validade ou de significação.

Se certos propósitos de d'Alembert estão em consonância com os que mais tarde seriam sustentados por Laplace, Comte ou Mach, seu projeto racional de compreender pela teoria a natureza do mundo físico tal como ele é (e não se limitar a receitas práticas) impede a assimilação de sua filosofia a um positivismo puro e simples *avant la lettre*.

Kant, que atribuiria tanta importância aos conceitos do cálculo diferencial de Newton e de Leibniz, era leitor dos artigos da *Enciclopédia*, obra que fazia parte de sua biblioteca. É possível relacionar de maneira instrutiva a análise do espaço e do tempo proposta por d'Alembert, que deixa em aberto o problema de sua natureza, com a solução que

Kant propôs para essa questão, definindo-os como formas *a priori* da sensibilidade. Pode-se avaliar, entretanto, que a obra de d'Alembert, na diversidade de suas dimensões, não recebeu, em geral, por parte dos historiadores e dos filósofos, uma atenção suficiente. Estudos relativamente recentes sobre ele e sobre seus contemporâneos ou seus sucessores contribuem para fazer ver melhor a importância desse pensador, cientista e filósofo, não só para a história das ciências, mas também para a das idéias, tanto filosóficas como sociais. Que esta pequena obra possa também ter dado sua contribuição para isso.

Cronologia dos personagens citados

ABEL, Niels Henrik (1802-29)
d'ALBON, Julie-Claude, condessa (1685-1748)
d'ALEMBERT, Jean Le Rond (1717-83)
AMPÈRE, André-Marie (1775-1836)
ARGAND, Jean-Robert (1768-1822)
BACON, Francis (1561-1626)
BAYLE, Pierre (1647-1706)
BERKELEY, George (1685-1753)
BERNOULLI, Daniel (1700-82)
BERNOULLI, Jacques (1654-1705)
BERNOULLI, Jean I (1667-1748)
BORDEU, Théophile de (1722-76)
BOSSUT, Charles (abade), 1730-1814)
BOUGUER, Pierre (1698-1758)
BOUGAINVILLE, Louis Antoine, conde de (1729-1811)
BRADLEY, Edmund (1693-1762)
BRILLOUIN, Marcel (1854-1948)
BROGLIE, Louis, duque de (1892-1987)
BUFFON, Georges-Louis Leclerc, conde de (1707-88)
CALAS, Jean (1698-1762)
CASSINI, Jacques (1677-1756)
CATARINA da Rússia (1729-96)
CAUCHY, Augustin, barão (1789-1857)
CAVALIERI, R. P. Buonaventura (1598-1647)

CHAMBERS, Ephraim (1680-1740)
CHÂTELET, Gabrielle-Emilie de Breteuil, marquesa de (1706-49)
CLAIRAUT, Alexis (1713-65)
CONDILLAC, Etienne Bonnot, abade de (1714-80)
CONDORCET, Nicolas Caritat, marquês de (1743-94)
COPÉRNICO, Nicolau (1473-1543)
CRAMER, Gabriel (1704-52)
DEFFAND, Marie de Vichy, marquesa de (1697-1780)
DELAUNAY, Charles-Eugène (1811-72)
DESCARTES, René (1596-1650)
DESCHAMPS, dom (1716-74)
DESTOUCHES (chamado CANON), Louis Camus, cavaleiro (1668-1726)
DIDEROT, Denis (1713-84)
EINSTEIN, Albert (1879-1955)
ESPINOSA, Baruch de (1632-77)
EULER, Leonhard (1707-83)
FERMAT, Pierre de (1608-65)
FONTAINE des Bertins, Alexis (1704-71)
FONTENELLE, Bernard le Bovier, marquês de (1657-1757)
FOURIER, Joseph Louis (1768-1830)
FREDERICO II da Prússia (1712-86)
GALILEU Galilei (1564-1642)
GAUSS, Karl Friedrich (1777-1855)
GEOFFRIN, Marie-Thérèse Rodet, Mme. (1699-1777)
GIRARD, Albert (1595-1632)
GODIN, Louis (1704-60)
GOETHE, Johan Wolfgang von (1749-1832)
GONCOURT, Edmond Huot de (1822-96)
GONCOURT, Jules Huot de (1830-70)
GRIMM, Melchior, barão de (1723-1807)
GUIBERT, Jacques Antoine Hippolyte, conde de (1715-90)
HADLEY, Georges (1685-1768)
HALLEY, Edmund (1656-1742)
HAMILTON, William Rowan (1805-65)

HELMHOLTZ, Hermann von (1821-94)
HELVÉTIUS, Claude Adrien (1715-71)
HÉNAULT, Jean-François (1685-1770)
HERTZ, Heinrich (1857-94)
HIPARCO (século II a.C.)
HOLBACH, Paul Henri, barão d'(1723-89)
HUME, David (1711-76)
IVAN VI Antonovitch (1740-64)
JACQUIER, François (1711-88)
JUSSIEU, Joseph de (1704-79)
KANT, Immanuel (1724-1804)
KOENIG, Johann Samuel (1712-57)
LA CONDAMINE, Charles Marie de (1701-74)
LAGRANGE, Joseph Louis (1736-1813)
LAMBERT, Jean Henri (1728-77)
LAPLACE, Pierre Simon (1749-1827)
LA TOUR, Maurice QUENTIN de (1704-88)
LE BRETON, André-François (1708-79)
LEIBNIZ, Gottfried Wilhelm (1646-1716)
LE SAGE, Georges-Louis (1724-1803)
LESPINASSE, Julie de (1732-76)
LESSING, Gotthold Ephraim (1729-80)
L'HÔPITAL, Michel de (1661-1704)
LINSTEDT, Anders (–)
LOCKE, John (1632-1704)
MACH, Ernst (1848-1916)
MAIRAN, Jean-Jacques Dortous de (1678-1771)
MALEBRANCHE, Nicolas (1638-1715)
MARMONTEL, Jean-François (1723-99)
MAUPERTUIS, Pierre Louis Moreau de (1698-1759)
MEISTER, Jacques-Henri (1744-1826)
MONTESQUIEU, Charles Segondat, barão de la Brède e de (1689-1755)
MORA, José y Gonzagua, marquês de (1745-74)
MUSSCHENBROEK, Petrus Van (1692-1761)
NAIGEON, Jacques (1738-1810)

NEWTON, Isaac (1642-1727)
PASCAL, Blaise (1623-62)
POINCARÉ, Henri (1854-1912)
POISSON, Siméon-Denis (1781-1840)
RAMEAU, Jean-Philippe (1683-1764)
REYNEAU, Charles-René (1656-1728)
RIEMANN, Bernhard (1826-66)
ROBESPIERRE, Maximilien (1758-94)
ROTH, Peter (século XVI)
ROUSSEAU, Jean-Jacques (1712-78)
SACCHERI, Gerolamo (1667-1733)
SAINTE BEUVE, Charles Augustin (1804-69)
SUARD, Jean-Baptiste (1732-1817)
SUARD, nascida Panckouke, Mme. (1750-1830)
STEVIN, Simon (1548-1620)
TÁCITO, Publius Cornelius Tacitus (c.55–c.120)
TERRASSON, Jean, abade (1670-1750)
TAYLOR, Brook (1685-1731)
TENCIN, Claudine Alexandrine GUÉRIN, marquesa de (1682-1749)
TURGOT, Anne-Robert-Jacques, barão de l'Aulne (1727-81)
VARIGNON, Pierre (1654-1722)
VAUCANSON, Jacques de (1709-82)
VOLLAND, Louise Henriette, chamada Sophie (1717-84)
VOLTAIRE, François Marie AROUET (1694-1778)
WALPOLE, Horace, conde de Orford (1717-87)
WEIERSTRASS, Karl (1815-97)

Bibliografia

Principais obras de d'Alembert

Traité de dynamique. Paris: David, 1743. 2. ed., modif. e aum., Paris: David, 1758. Reimpr. da 1. edição: Bruxelas: Culture et Civilisation, 1966. Reimpr. da 2. edição, 2 vol., Paris: Gauthier-Villars, 1921; 1 vol., Paris: Gabay, 1990.
Traité de l'équilibre et du mouvement des fluides. Paris: David, 1754; reed. Bruxelas: Culture et Civilisation, 1966.
Réflexions sur la cause générale des vents. Paris: David, 1747.
Recherches sur la précession des équinoxes et sur la nutation de l'axe de la Terre dans le système newtonien. Paris: David, 1749; reed. Bruxelas: Culture et Civilisation, 1966.
Discours préliminaire de l'Encyclopédie, 1751. Reed. Genebra: Gonthier, 1965; nova ed., intr. e anot. por Michel Malherbe, Paris: Vrin, 2000. [Ed. bras.: *Enciclopédia ou Dicionário raciocinado das ciências das artes e dos ofícios por uma sociedade de letrados*: Discurso preliminar e outros textos. São Paulo: Ed. Unesp, 1989.]
Essai d'une nouvelle théorie de la résistance des fluides. Paris: David, 1752; reed. Bruxelas: Culture et Civilisation, 1966.
Recherches sur différents points importants du système du monde. Paris: David, 3 vol., 1754-56; reed. Bruxelas: Culture et Civilisation, 1966.
Essai sur les éléments de philosophie ou sur les principes des connaissances humaines. Paris, 1758. Reed. [com os *Éclaircissements*], Hildesheim: Olms Verlag, 1965; Paris:

Fayard, 1986. [Ed. bras.: *Ensaios sobre os elementos de filosofia*. Campinas: Ed. da Unicamp, 1994.]

Mélanges de littérature, d'histoire et de philosophie. 5 vol. Paris, 1753-67.

Opuscules mathématiques. 8 vol. publicados. Paris: David, 1761-80. (Mais um nono volume preparado para edição e que permaneceu inédito.)

Œuvres philosophiques, historiques et littéraires. 18 vol. Paris: Bastien, 1805; outra edição, 5 vol., Paris: Belin, 1821; reed. Genebra: Slatkine Reprints, 1967.

D'ALEMBERT, Jean le Rond; DIDEROT, Denis (ed., 1751-80). *Encyclopédie ou Dictionnaire raisonné des sciences, des arts et des métiers*. 17 vol. + 11 vol. de pranchas, Paris: Briasson, David, Le Breton et Durant, 1751-80.

D'ALEMBERT, Jean le Rond [2001]. *Œuvres complètes*, série I: *Traités et mémoires mathématiques, 1736-1756*, vol. 6: *Premiers textes de mécanique céleste (1747-1749)*, edição estabelecida por Michelle Chapront-Touzé, Paris: CNRS-Editions, 2002. (Os outros volumes estão em preparação.)

Nota. Para uma bibliografia completa dos escritos de d'Alembert, ver: CHOUILLET, Anne-Marie. "Liste chronologique des œuvres imprimées de D'Alembert". In: MICHEL, Alain; PATY, Michel (éd.). *Analyse et dynamique. Études sur l'œuvre de Jean d'Alembert*. Québec: Presses de l'Université Laval, 2002 (Coleção Mercure du Nord).

Estudos

Dix-huitième siècle, n. 16, 1984. Número especial sob a direção de Sylvain Auroux e Anne-Marie Chouillet, *D'Alembert (1717-1781)*.

BERTRAND, Joseph. *D'Alembert*. Paris: Hachette, 1889.

CASSIRER, Ernst. *La philosophie des Lumières* (1932). Paris: Fayard, Paris, 1966. [Ed. bras.: *A filosofia do Iluminismo*, Campinas: Ed. da Unicamp, 1992.]

EMERY, Monique; MONZANI, Pierre (ed.). *Jean d'Alembert, savant et philosophe. Portrait à plusieurs voix*. Paris: Archives Contemporaines, 1989.

ENGELSMAN, Steven B. *Families of Curves and the Origins of Partial Differentiation*. Amsterdã: North Holland, 1984.

GREENBERG, John L. *The Problem of the Earth from Newton to Clairaut*. Nova Iorque, 1995.

GRIMBERG, Gérard. *D'Alembert et les équations aux dérivées partielles en hydrodynamique*. Tese de doutorado em epistemologia e história das ciências. Université Paris 7-Denis Diderot, defendida em 14.12.1998.

GRIMSLEY, Ronald. *Jean d'Alembert, 1717-1783*. Oxford: Clarendon Press, 1963.

GUSDORF, Georges. *De l'histoire des sciences à l'histoire de la pensée*. Paris: Payot, 1966. (Les sciences humaines et la pensée occidentale, 1.)

_____. *Les principes de la pensée au siècle des Lumières*. Paris: Payot, 1971. (Les sciences humaines et la pensée occidentale, 4.)

_____. *Dieu, la nature et l'homme au siècle des Lumières*. Paris: Payot, 1972. (Les sciences humaines et la pensée occidentale, 5.)

_____. *L'ordre culturel au siècle des Lumières*. Paris: Payot, [197?]. (Les sciences humaines et la pensée occidentale, 6.)

HANKINS, Thomas L. *Jean d'Alembert, Science and the Enlightenment*. Oxford: Oxford University Press, 1970.

LE RU, Véronique. *D'Alembert philosophe*. Paris: Vrin, 1995.

MAHEUX, Gilles. *La Vie et l'œuvre de d'Alembert*. Tese de doutorado en história das ciências. Paris: EHESS, 1967.

MARKOVITZ, Francine; SZCZECINIARZ, Jean-Jacques (org.). *D'Alembert*, número especial de *Corpus* (Revue de philosophie, Paris), n. 38, 2001.

MICHEL, Alain; PATY, Michel (ed.). *Analyse et dynamique. Études sur l'œuvre de Jean d'Alembert*. Québec: Presses de l'Université Laval, 2002. (Collection "Mercure du Nord".)

MULLER, Maurice. *Essai sur la philosophie de Jean d'Alembert.* Paris: Payot, 1926.

PATY, Michel. *Théorie et pratique de la connaissance chez Jean d'Alembert.* Tese de doutorado em filosofia. Université de Strasbourg-2, 1977.

_____. La position de d'Alembert par rapport au matérialisme. *Revue Philosophique*, 171, n. 1, 49-66, 1981.

_____. D'Alembert et les probabilités. In: Rashed, R. (ed.). *Sciences à l'époque de la Révolution Française. Recherches historiques.* Paris: Blanchard, 1988, p. 203-65.

_____. D'Alembert, la science newtonienne et l'héritage cartésien. *Corpus* (Revue de philosophie, Paris), n. 38: *D'Alembert* (ed. por MARKOVITZ, Francine; SZCZECINIARZ, Jean-Jacques), 2001, p. 19-64.

_____. L'Élément différentiel de temps et la causalité physique dans la dynamique de Alembert. In: MORELON, Régis; HASNAWI, Ahmad (ed.). *De Zénon d'Elée à Poincaré. Recueil d'études en hommage à Roshdi Rashed.* Louvain: Editions Peeters, 2004, p. 391-426.

PROUST, Jacques. *L'Encyclopédie.* Paris: Armand Colin, 1965.

_____. *Diderot et l'Encyclopédie.* Paris: Armand Colin, 1967.

ESTE LIVRO FOI COMPOSTO EM SABON
CORPO 10,7 POR 13,5 E IMPRESSO SOBRE
PAPEL OFF-SET 90 g/m² NAS OFICINAS DA
BARTIRA GRÁFICA, SÃO BERNARDO DO
CAMPO-SP, EM MARÇO DE 2005